CATALOGUE

des manuscrits français

de la bibliothèque Parker

(Parker Library)

CORPUS CHRISTI COLLEGE

CAMBRIDGE

NIGEL WILKINS

Parker Library Publications

Corpus Christi College

CAMBRIDGE

© 1993

ISBN

1 897852 00 2

Préface

A Cambridge, à côté de la Bibliothèque de l'Université, qui possède une collection renommée et très riche de manuscrits, il existe d'autres collections extrêmement importantes: du Musée Fitzwilliam et de quelques-uns d'entre la trentaine de Collèges, surtout de Trinity Collège et de Corpus Christi. La plupart des quelque six cents manuscrits de la Parker Library à Corpus Christi, dont plusieurs d'énorme valeur et importance, proviennent du legs de l'archevêque Matthew Parker. Celui-ci fut Maître du Collège au milieu du 16e siècle et ensuite archevêque de Canterbury.

Matthew Parker était un grand bibliophile. Heureusement pour nous, il put receuillir grand nombre d'entre les manuscrits précieux qui risquaient de disparaître après la dissolution des monastères. Soutenu et autorisé par la reine Elisabeth, il sauva de nombreux documents de première importance pour l'histoire de l'Angleterre et de l'Eglise. Mais il s'intéressait à tout, semble-t-il. Ainsi on trouve parmi les manuscrits, toujours soigneusement conservés dans son ancien Collège, en grande partie grâce à d'ingénieuses dispositions dans son testament, des textes des plus variés: textes littéraires de l'antiquité aussi bien que du Moyen Age ou du 16e siècle, chroniques, généalogies; traités de médecine, de droit, de linguistique, d'orthographe, de géographie, de moralité, d'alchimie, d'astrologie, de musique; recueils de traités, de statuts, de lettres; Bibles, Psautiers, Méditations, Commentaires, Gloses, Prières, Sermons, Hymnes, chansons, etc.

La plupart de ces manuscrits sont écrits en latin, bien que les plus connus soient les anglo-saxons, en vieil anglais. Néanmoins, une soixantaine de ces manuscrits contiennent des textes entièrement ou partiellement en français. Il s'agit, bien entendu, le plus souvent du dialecte anglo-normand, puisque pour la plupart ce sont des manuscrits d'origine insulaire; cependant, on y trouve quelques exemples d'origine continentale.

Certains rares érudits français, mais non des moindres, se sont déjà intéressés à ces manuscrits français, dans le contexte d'une enquête plus large sur les sources d'intérêt français se trouvant en

Grande Bretagne. Francisque Michel, par exemple, dans son premier *Rapport* en 1838 pour les *Archives des Missions*, écrivit ceci: "M. le Ministre, En août 1833 vous me fîtes l'honneur de m'envoyer en Angleterre, à l'effet ... de fouiller les manuscrits du Musée Britannique, des bibliothèques d'Oxford et de Cambridge ... afin de prendre note ou copie immédiate de tout ce qui me semblerait important pour l'histoire et l'ancienne littérature de la France. Après un séjour de deux ans à l'étranger, je suis revenu dans ma patrie ...". Et puis, à la p.11 du *Rapport*, "... je transcrivis le manuscrit du Corpus Christi College, coté LXVI ...". Il s'agit ici d'un texte en latin, l'*Itinéraire* de Guillaume de Rubruck, mais assurément F.Michel prit note de quelques titres français.

Une trentaine d'années plus tard, ce fut le tour de Paul Meyer, âgé de 25 ans, "membre du comité impérial des travaux historiques et des sociétés savantes", de venir en mission littéraire. Dans son premier *Rapport* dans les *Archives des Missions*, en 1866, il écrivit comme suit: "... j'avais une vague espérance de ne point revenir sans avoir ajouté aux découvertes faites par mes devanciers. Deux motifs entretenaient en moi cette espérance: la richesse bien connue des bibliothèques anglaises et leur accroissement indéfini. La richesse des bibliothèques anglaises, au moins en ce qui concerne notre littérature, a plusieurs causes. L'une, c'est que, le français s'étant implanté en Angleterre après la conquête, la littérature des classes élevées fut, pendant plus de deux siècles, toute française, et par son origine et par sa langue... Des relations incessantes entre les deux pays ... transportaient outre Manche les oeuvres françaises ... si bien que maintenant la série de nos anciens monuments littéraires peut trouver à se compléter à Londres ou à Oxford. Une autre cause plus immédiate de la richesse des biblicthèques britanniques, c'est qu'en Angleterre la passion des livres a été, plus que nulle part ailleurs, un goût dominant." Ensuite il révèle qu'il a fait la visite des bibliothèques du Musée britannique, de Durham, d'Edimbourg, de Glasgow, d'Oxford, d'Ashburnham-Place.

Dès 1871, Cambridge vit souvent ce visiteur distingué d'outre-Manche: grand philologue, directeur de l'Ecole des Chartes, fondateur avec Gaston Paris de la *Romania*. Ce fut en partie une raison externe qui cette fois amena Paul Meyer. Il nous la raconte dans son article sur le petit poème, *Le Chevalier, la Dame et le Clerc*, qu'il publia d'après notre MS 50 dans le tout premier numéro de la *Romania* en 1872: "Les tristes événements dont Paris a été le théâtre au printemps dernier m'ayant amené à chercher un refuge en Angleterre, j'ai consacré plusieurs semaines à l'examen des manuscrits de l'Université de Cambridge et de plusieurs des collèges de la même ville. Mes recherches, facilitées par le catalogue ci-dessus mentionné [il s'agit du catalogue de Nasmith (1777)], ont été particulièrement fructueuses à Corpus, grâce à l'inépuisable obligeance du bibliothécaire, M.Lewis, que je prie d'agréer ici le témoignage de ma gratitude. ... J'ai l'intention de donner dans les *Archives des Missions* les résultats de mes études à Cambridge; actuellement je publierai ici une pièce qui me paraît digne d'être présentée isolément aux amis de notre ancienne littérature ... Les manuscrits français de Corpus Christi College, Cambridge, ne paraissent point avoir attiré l'attention des érudits qui ont exploré les bibliothèques de la Grande Bretagne afin d'y recueillir de nouveaux monuments de notre histoire ou de notre ancienne littérature ... Et pourtant, il y a près d'un siècle qu'on a publié des manuscrits de Corpus un catalogue détaillé qui, malgré certaines erreurs dans l'appréciation de l'âge des manuscrits ou dans l'indication de leur contenu, suffit dans la plupart des cas à faire reconnaître les ouvrages."

Paul Meyer, étant tombé sur ce trésor, devint un visiteur assidu. Conservée dans la bibliothèque, on trouve une lettre qu'il adressa au bibliothécaire, M.Lewis, le 31 mars 1889: "Cher monsieur et ami, J'ai bien l'intention d'aller à Cambridge cette année et d'y finir mes notices sur les manuscrits français de Cambridge, ce qui exigera au moins deux articles assez longs, dont un tome spécial à Corpus, mais il est imprudent de former des projets. Déjà l'an dernier tel était mon désir, et malheureusement diverses circonstances m'en ont empêché, entre autres l'état de santé de ma mère, très âgée, qui me donnait des inquiétudes; Actuellement elle va mieux tout en étant dans un état assez précaire. Ce qui fait que j'hésite encore à faire imprimer des extraits et des copies qui sont préparés depuis longtemps, mais dont je ne suis pas assez sûr de pouvoir aller corriger les épreuves dans votre monastère si hospitalier. Cela serait pourtant pour moi un grand plaisir, moins pour les manuscrits eux-mêmes que pour la satisfaction que j'aurais à revoir mes anciens amis au nombre desquels vous occupez le premier rang. Peut-être peut-on espérer vous voir à Paris. Il y aura peut-être, à côté de l'exposition de produits trop modernes de l'industrie, une exposition rétrospective digne d'attirer votre attention. Croyez bien, monsieur et ami, à mes meilleurs et plus sincères sentiments. PAUL MEYER."

Le bibliothécaire de l'époque, le révérend Samuel Savage Lewis, est un personnage bien connu dans l'histoire du Collège. Grand amateur d'antiquités, il légua au Collège sa collection extraordinaire de pièces de monnaie grecque et romaine, de bijoux romains, de miroirs étrusques, de vases grecs etc. Cette collection est actuellement en exposition au Musée Fitzwilliam. Il est clair que, malgré son apparence un peu sombre (il portait une grande barbe et était surnommé par certains "Satan"!), il sut bien accueillir et bien maintenir d'excellentes relations avec ses visiteurs érudits venus de l'étranger. En 1886, L.Delisle, conservateur des manuscrits à la Bibliothèque Nationale, lui envoia un tiré-à-part de ses *Notices* (concernant notre MS 324) avec l'inscription: "Au Rév. S.S.Lewis, Hommage affectueux, L.Delisle". En mai 1889, un érudit allemand, Oscar Winneberger", lui écrivit de Francfort: "In 1883, you kindly allowed me to make use, in your library, of your old manuscripts on Guy of Warwick. I then promised to let you have a copy of my paper, which I proposed to write on this romance. I only finished it last year and had it printed a few weeks ago. I send it off to you by today's post hoping that you will kindly accept my gift, as a small token of the gratitude which I owe you. I am, Sir, yours truly, Dr. OSCAR WINNEBERGER".

Le projet de publication proposé par Paul Meyer, sous le titre "Les manuscrits français de Cambridge", se réalisa essentiellement dans une série de quatre articles publiés dans la *Romania*:
VIII (1879) sur St.John's College.
XV ((1886) sur la bibliothèque de l'Université.
XXXII (1903) sur Trinity College.
XXXVI (1907) sur Gonville and Caius College.

Il explique, dans son premier article de cette série en 1879, comment l'abondance du matériel l'avait obligé de modifier son idée initiale: "Il y a huit ans, publiant dans le premier numéro de la *Romania* une pièce tirée d'un ms. de Corpus, j'annonçais l'intention de réserver pour les *Archives des Missions* les résultats, dès cette époque assez considérables, des recherches que j'avais faites à Cambridge en mai et juin 1871. Mais depuis lors je suis allé bien souvent à Cambridge, et le nombre de mes extraits et de mes notices s'est accru au point de réclamer un espace que les *Archives des Missions* pourraient difficilement leur accorder. J'ai donc résolu de les publier dans la *Romania*, en une série d'articles dont chacun aura pour objet l'exploration, au point de vue des études romanes, de l'une des bibliothèques de Cambridge ..."

Cependant, malgré le fait que Paul Meyer ne mourut qu'en 1917, il ne publia jamais ce qui aurait certainement été l'article le plus intéressant de la série: sur Corpus Christi College. Il employa certaines d'entre ses notes et transcriptions dans d'autres articles et publications, mais ne put pas venir à bout de ce qui aurait été le point culminant de ses recherches à Cambridge. Ceci fut peut-être à cause de l'importance de la collection de la Parker Library: une soixantaine de manuscrits d'intérêt français, tandis que pour les autres bibliothèques il n'avait recensé que 4 pour S.Johns, 29 pour la bibliothèque de l'Université, 10 pour Trinity, et 6 pour Caius. De nouvelles recherches aujourd'hui produiraient des chiffres sans doute plus élevés, mais, en ce qui concerne des manuscrits français, la collection de la Parker Library à Corpus Christi paraît être nettement plus importante. Paul Meyer en était conscient jusqu'à un certain degré; dans son article de 1903, il écrivit: "La bibliothèque de Trinity College est, entre les nombreuses bibliothèques de Cambridge, l'une des plus riches en manuscrits précieux. C'est à peine si celles de l'Université et de Corpus Christi College lui sont supérieures."

Malgré son premier enthousiasme pour l'ancien catalogue de Nasmith, Paul Meyer découvrit rapidement son insuffisance. Dans son article de 1879, il écrivit: "... les catalogues ... sont insuffisants en ce qui concerne des manuscrits français ... Tel est probablement le motif pour lequel les romanistes ont jusqu'ici négligé Cambridge pour Oxford, où les catalogues de M.Coxe mettent les découvertes à la portée des plus novices...". En 1896, dans son article sur les versions anglo-normandes de l'*Apocalypse* (*Romania* 25), y compris celle de notre MS 20, il s'en plaignit: "Décrit d'une façon assez peu exacte dans le Catalogue de Nasmith."

En 1910, parut le catalogue, en deux tomes, de James, directeur du Musée Fitzwilliam et auteur d'un nombre impressionant de catalogues parallèles d'autres collections de manuscrits à Cambridge et ailleurs. Ce fait aussi, peut-être, détourna Paul Meyer de publier son recensement des manuscrits français de la Parker Library. Néanmoins, malgré l'érudition extraordinaire de James, également connu pour ses histoires surnaturelles, il faut dire que, en ce qui concerne le français, son travail laisse à désirer. Certes, il donne des précisions bien plus exactes et plus complètes que Nasmith; cependant ses transcriptions sont souvent fautives. En plus, l'éclosion au 20e siècle des études de littérature médiévale nous permet aujourd'hui, quelque quatre-vingts ans après James, de profiter des nouvelles recherches et d'apporter au catalogue de nombreuses nouvelles références bibliographiques.

Ce catalogue fut rédigé en 1991-92 dans la Parker Library, ensuite corrigé pour tenir compte des apports des participants au Colloque du 24-27 mars 1993 sur <u>Les Manuscrits français de la Bibliothèque Parker</u>: Philippe Ménard (Paris IV-Sorbonne), Jean Beauroy (Paris I), Jean-Claude Thiolier (Paris XII), Danielle Queruel (Reims), Françoise Ferrand (Rouen), René Stuip (Utrecht), Elspeth Kennedy (Oxford), Diana Tyson (Londres). Qu'ils acceptent ici l'expression de ma profonde gratitude. Les <u>Actes du Colloque</u>, comportant neuf communications sur divers aspects des manuscrits français (en particulier des MSS 20, 37, 45, 50, 53, 91, 98, 133, 301, 432, 450, 469, fragments et feuilles de garde) sont publiés simultanément avec ce catalogue.

Je tiens aussi à remercier chaleureusement pour leur soutien constant mes collègues dans la Parker Library: Gill Cannell, Tim Graham, Nicolas Hadgraft, Catherine Hall, Ray Page.

Nigel Wilkins,
Cambridge, mars 1993.

8

1. MS 8:   début 14e s. Vélin. ff.269+1.

   <u>Contenu principal</u>: Vincent, <u>Speculum Historiale</u>.

   Feuille de garde Av: Chanson polyphonique à trois voix, fin 13e siècle: "Volez oyer le castoy".

   <u>Edition</u>: N.Wilkins, "Music and Poetry at Court: England and France in the late Middle Ages", dans <u>English Court Culture in the later Middle Ages</u>, éd. V.Scattergood & J.Sherborne, Londres, 1983, 183-204 (fac-similé et transcription, planche 16).

   <u>Texte</u>:
     Volez oyer le castoy,
       Cum Gynot pert sa peyne
     D'un' amiette k'il ad
       Ke trop luy est lungtayne?
       [Noit] e jour luy va proyant
     K'ele ne soyt pas vyleine:
       <u>Mes amerousette</u>,
       <u>Douce camousette</u>,
       <u>Kar éez pité</u>
       <u>De voz amourettes</u>!

   <u>Commentaire</u>: En style <u>conductus</u>. Au revers de la feuille, figure le seul motet connu avec texte anglais, <u>Worldes blisce have god day</u>. Le MS d'origine, apparemment détruit pour servir de feuilles de garde, fut de toute évidence une source importante de musique anglo-française profane aussi bien que pieuse. La mélodie principale, dans la voix inférieure, pourrait être chantée à l'accompagnement de deux instruments qui assureraient les deux lignes supérieures. Autrement on peut concevoir une interprétation à trois voix. La forme est celle de la ballade, une première section de la musique étant répétée pour les vers 1 et 2, puis 3 et 4. Les quatre derniers vers constituent de toute apparence un refrain, bien que celui-ci ne figure pas dans N. van den Boogaard, <u>Rondeaux et Refrains du XIIe siècle au début du XIVe</u>, Paris, 1969. Le répertoire français de motets et de refrains contient de nombreux textes comparables, par exemple:

Ci mi tient maus d'amer!
Haro! je n'i puis durer,
Douce kamusete!

Amouretes,
Amouretes m'ont navré.

[G.Raynaud, Recueil de Motets
français, Paris, 1881, I, 143, 29.]

20

2. MS 20: début 14e s. Vélin. ff. 3+72+2. copieusement illustré d'enluminures de haute qualité.

   Provenance: Don de Juliane de Leybourn, comtesse de Huntingdon (m.1367) à l'abbaye de Saint-Augustin, Canterbury.

   a) ff.1r-61r: Apocalypse, version rimée avec commentaire en prose, plus la version latine originale.
   [Feuilles de garde: même texte, même main].

   Editions: P.Meyer, "Version anglo-normande en vers de l'Apocalypse", dans Romania 25 (1896), 174-257.
   L.Delisle & P.Meyer, L'apocalypse en français au XIIIe siècle, Paris, 1901 [version en prose].

   Voir: H.Todd, "Old French versified Apocalypse", dans Proceedings of the Modern Language Association 18 (1903), 535-577.
   O.Rhys & Sir J.Fox, The anglo-norman rhymed Apocalypse, Anglo-Norman Text Society 6 (1946), 123-124.
   Y.Otaka et H.Fukui, Apocalypse anglo-normande (Cambridge, Trinity College, MS.R.16.20), Osaka, 1977.
   B.Pitts, "Versions of the Apocalypse in Medieval French Verse", dans Speculum 58 (1983), 31-59.
   L.Sandler, Gothic Manuscripts, Oxford, 1985, II, 113.
   D.Legge, Anglo-Norman Literature, 236-239.
   A.Långfors, Les Incipt, 197.
   Bossuat I 3071-3076; III 7744.
   F.Ferrand, dans Actes du Colloque 1993, Cambridge, 1993.

   Début: f.1r   La vision ke Jhesu Crist
                  A son serf moustrer fist,
                  Ke tost convendra estre feit,
                  Par son angel signefieit
                  A Johan ke de Jhesu Crist
                  Porta temoine de ceo qu'il vit.
                  Benoit soit qui la vision lit
                  E oient les moz de ceste escrit
                  E le escripture retendra,
                  Kar le tens sei aprochera.

   Cest livere entre les autres liveres de novel testament est dit prophesie pur ceo ke Seint Johan vit en espirit e denuncia les secretz Jhesu Crist e de seint eglise ...

Fin: f.60v   ...Jeo conjur checun oiant
             Les moz de livre escrit avant,
             K' acun mot mette plius
             Les plaies dites domue (?) les dieus.
             E cil amenuise la prophetie,
             Dieu lui oste del livere de vie
             E de la seint cité e de l'escrit.
             De ceo livre vous ai dit,
             Qi porte tesmoigne de ceo avant.
             Oil, tost su envent.
             La grace de Jhesu nostre Seignour
             Seit od nous a tut jour.
                           Amen.

Commentaire: voir MS 394, qui contient l'Apocalypse en prose. Les miniatures sont pour la plupart identiques à celles des MSS Londres, Add. 18633, et de Toulouse, tradition que l'on retrouve également dans la célèbre tapisserie d'Angers, exécutée à Paris de 1375 à 1380 par Nicolas Bataille. Le texte du MS 20 comporte d'importantes variantes par rapport au texte publié par P.Meyer. Le MS 20 a été restauré et relié en 1990 par Desmond Shaw (Cambridge).

b) ff.61r-68r: Vision de S.Paul.

Autres MSS: Toulouse, Bibl. munic., 815.

Edition: P.Meyer, "La descente de Saint Paul en enfer", dans Romania 24 (1895), 357-375, 589-591 (d'après le MS 815 de Toulouse).

Voir: H.Brandes, Visio S. Pauli: Ein Beitrag zur Visionsliteratur mit einem deutschen und zwei lateinischen Texten, Halle, 1885.
       M.R.James, dans Texts and Studies: Contributions to Biblical and Patristic Literature, éd. J.A.Robinson, Cambridge, 1893.
       P.Meyer, "Notice sur le MS français 24862 de la Bibliothèque Nationale", dans Notices et extraits des manuscrits XXXV.
       L.Kastner, "Les versions françaises inédites de la descente de Saint Paul en enfer", dans Revue des langues romanes 48 (1905), 385-395 & 49 (1906), 49-62, 321-351, 427-450.
       L.Kastner, "The Vision of Saint Paul by the Anglo-Norman Trouvère Adam de Ross", dans Zeitschrift für französische Sprache und Literatur 29 (1906), 274-290.

A.Långfors, Les Incipit, 243.
Bossuat I 3358-3362; III 7785-7786.

Début: f.61r   Oyez qe jeo troeve en escrit
               Des peynes qe seint Poul vit.
               Les almes unt repos al dymayne,
               Car le livere prent a tesmoyne;
               Et si vous volés de voir savoyr
               Ki fist almes repos avoyr,
               Jeo vous dirray en parole:
               Ceo fut seint Michel e seint Poul ...

Fin: f.66r   ...Pur vous avoi les mayns liez
               E les piez e les mayns a fust fichez.
               Avers festes e envious,
               Lichers, mendianz e orgoillous,
               Larons e robbeours e trichers,
               Ffaus jurours, persous e pechers.
               Trestut feytes que la char voleyt;
               Pur ceo est trestut dreyt
               Ke vous en peyne demoergés.
               E pardon jamès ne l'aez.

               [les vers suivants, 259-282 du MS
de Toulouse, manquent dans le MS 20].

Commentaire: la version du MS 20 fut identifiée par P.Meyer seulement après son édition de la version de Toulouse.

c) ff.68r-72v: Ordre pour le couronnement d'un roi.

Edition: J.Wickham Legg, Three Coronation Orders, Henry Bradshaw Society, 1900, xxi et seq., 39 et seq.

Début: f.68v Le jour que novel roy deit estre coroné serrunt prest al paleys le roy de Westmoustier qatre de plus grans seignurs de Engletere que luy deyvent [mener] a Westmoustier e le seigneur de Beauchamp que avera ycest jur le office de amoignerie fra mettre draps reyces de suth les pes le roy sicum il irre du paleis desque a pulpit que serra ordeiné a Westmoustier, e quanque demourra en l'esglise avera le sextain de Westmoustier e le remenant dorra l'avant dit seigneur a povres.
     E si le chaunceler d'Engletere soit evesque il irra devant le roy en son atir pontifical e portera le chalique seint Edward de piere, e le tresorer de Engletere portera la pataynne d'or devant luy e serra revestu d'aube e dalmatik e deus contes que li rey assignera porterunt ces deus ceptris et trois contes portanz trois espez irrunt procheyn devant le roy e le conte de Cestrie portera l'espeye qu'est apelé Curtain e l'autre le

conte de Hontingdon e li terz le conte de Warwyk, e les barons des Cinkpours quel part que le roy irra porterunt un drap quarrée de pourpre sur quatre launces covers d'argent ove quatre campernoles d'argent suth orretz e a checun launce serrunt assignés quatre des barons des pourtz que nul n'ait plus de mestrie que autre, e mesmes la manere serrunt quant novele reyne serra coroné e [mes] ceux barouns averent les draps q'ils portent que c'est lur droit e le sextain de Westmoustier avera les lances od les campernoles ...

Fin: f.72v   ...Dieu tut pussant vous doint plentée de la rosée de ciel e de la gresce de la tere de furment e de vin, e le people serve a vous, les nacions vous aourent a celui que vous benefiera, de benescoun de ciel soit repleins, e Deu vous soit en aide.
Dieu tut pussant vous benefietz de la benscoun de ciel e en mountaynes e en valeyes e la benescon de quanque [boneur] paramount e paraval e de les benescouns de [   ] les de [fourment] e de grapes e de poummes e les benescons de vocz aunciens pieres Abraham e Ysaac e Jacob veingent sur vous.
Sire, benefietz la force de cesti prince Edward e recevetz les overaignes de ses mains e la tere de lui soit replein de vostre benescon e de tuz biens de poummes e de checune manere des frut e de la rosée de ciel e de la rosée paraval du solail e de la lune e de les hautesces de auncienes montaignes, de les frutz de pardurables valeies de blée e de la gresce de la tere de benescon de lui que aparut a Moysen au busson veigne sur cesti roy, e la pleine benescon de Dieux veigne sur sa gendrure Edvix que a cil mounta lui soit a tuz jours en aide. Amen.

Puis serra la messe chauntée. E ly Roy a hunur au palays remenée.

Commentaire: f.68r une belle image du couronnement, probablement du roi Edouard II. A comparer avec l'Ordre pour le couronnement de Charles V de France (MS Londres, B.L., Cotton Tiberius B.VIII), éd. E.Dewick, Londres, 1899.

23

3. MS 23: 11e et 12e s., Vélin. 2 vol. reliés ensemble. ff.2+104+55.

    I ff.2r-40v: Prudentius, Psychomachia: en Latin, mais avec des gloses marginales et interlinéaires, dont certaines en anglo-normand:

    f.32v: bifida: dous
        incisis: treu (?)
        globos: amuncelemenz
    f.33r: castrenis: herbergable
        liminis: lintel
        bifori: duble
        dant: trespercoit
        cardine: cardunel
        claustra: cum cloisturis (?)
    f.34r: frondente: brancant (tri, trecez)
        latet: repuni
        tanta: gran
        indomitos: dan (?)
        pereuntibus: periscant
        trepida: trele (?)
        ferrata (ferrod)
        mox: eneslepas
        index: le mostere
        comminus: manois
        adstantem: le stanc
        depraensa: cutre (entre?) priscis
    f.39v: in conum: en flece
        sinuamine: centure en rounde

    Voir: T.Hunt, Teaching and learning Latin in thirteenth-century England, 3 vol., Woodbridge, 1991, I, 20.

    [Voir MSS 217, 460]

26 & 16

4. MSS 26 & 16: 13e s. 2 vol. Vélin. I ff.2+6+140+2+1; II ff.5+281. Copieusement illustré par Matthew Paris.

<u>Provenance</u>: écrit à St.Albans, présenté à l'abbaye par Matthew Paris.

Matthew Paris, <u>Chronica Maiora</u>.

<u>Autres MSS</u>: Londres, B.L., Cotton Nero D V.
Londres, Roy.14.C.V11.

26. ff.1 r - iv r: Itinéraire de Londres à Jérusalem, avec rubriques et commentaires en français.

f.v v: schéma de vents; noms en français et en anglais.

16. f.i v: schéma de vents.

ff.ii r - ii v: fragment d'itinéraire.

f.v r: fragment d'itinéraire.

<u>Edition</u>: [H.Luard, Rolls Series, 7 vol., 1872-1884.]
H.Michelant & G.Raynaud, <u>Itinéraires à Jérusalem</u>, Genève, 1882, 123-139 (Légendes de la partie consacrée à la Terre Sainte).

<u>Voir</u>: S.Lewis, <u>The Art of Matthew Paris in the Chronica Majora</u>, Londres, 1987, 321-376.
R.Vaughan, <u>Matthew Paris</u>, Cambridge, 1958 (2e éd, 1979).
R.Vaughan, <u>The Chronicles of Matthew Paris</u>, Gloucester, 1984.

<u>Extrait du texte</u>: MS 26, f.iii v:

Ceste cité ki ad nun Rumme est chef de la crestienté. E fu jadis chef de tut le mund quant li grant empereur en furent sires e guvernurs e conquistrent tutes terres. Si ke tut le mund la cremunt. Pur ço est le title tel ki est en la bulle l'empereur de Rume: "Roma caput mundi tenet orbis frena rotundi".
Li seint apostle deu Seint Pere e Seint Pol cunvertirent a la lei Jesu Crist e la sacrerent de lur seint sanc. E si cum ele estoit avant chef de tut mescreance ed errur, si vout Deus k'ele fust chef de la crestienté.

Remus e Romulus la funderent ki furent fiz Martis. Mars fu li meudre chevaler e le plus sage guerréeres ki fust en mund en sun tens e enseigna ses fiz chevalerie e guerre par qui il furent bon cunquisturs. Quant mortz li fi[z] en sun honor firent un ymage e granterent tel dignité a cel ymage ke si nuls cupable fuist a cel ymage cum a refui a garantie qui tes serroit. Dunt plusurs le cutturent pur Deu. E dorerent la ymage k'il apelerent la statue Martis.

Vint diable, ki artillus est a almes enginner, e parla en l'image e reçut sacrifice de eus e humages, e les fist par sa boldie granz terres conquerre. Dunt de plusurs urent victoire. Dunt entitlerent il le terz jur de la semeinne en sun nun. E l'apelerent e crurent e disoient k'il fu deu de bataille. E encore une estoille ki cercle est pres du cercle le solail apelerent il apres li Martem...

37

5. MS 37: début 14e s. Vélin. ff. 99+1. 6 vol. reliés ensemble.

<u>Provenance</u>: Du prieuré de Boxley (Kent).

<u>Contenu principal</u>: Statuts divers.

<u>Voir</u>: J.Beauroy, dans <u>Actes du Colloque 1993</u>, Cambridge, 1993.

a) IIb, ff.52r-61r: <u>Traité d'astrologie</u>: "Tractatur de fatis in gallico".

<u>Début</u>: f.52r Si ascun homme saunz doute veut savoir la verité des choses qe a luy pount avenir soulom sa destiné par la vertue et poer de la constellacioun de south quel il fust née, preigne son propre noun et le propre noun sa miere naturele. Et gettetz la noumbre des lettres de diz nouns par xxviii taintt de foitz com vous poetz. E qe remeyne de noumbre, departez entre les faces de signes de constellaciouns ...

<u>Fin</u>: f.61r Femme si ele esteit ele avera bon aventure; et a haut honur ele serra parue. Ele avera une signe en sa teste. Ele soffera grant anuy .viii. moys. Ele vivera .v. aunz ou .xvii. ou .L. aunz. Et sic sinitur per bona temporalia ut non amittamus eterna per [Christum dominum nostrum]. Amen.

b) IV, ff.66r-75r: <u>Anglia</u>: Liste de comtés, châteaux, "Hundreds", rois, etc.

<u>Début</u>: f.66r En cest livre sont escriptt touz les nouns des castelx d'Engleterre, et ensement Abbeez et Prioreez en chescun countée...

c) V, f.75v: <u>Statua de districtionibus</u>. [York. Edouard I 1288?].

<u>Edition</u>: <u>Statutes of the Realm, The</u>, 11 vol., Londres (Royal Records Commission), 1810-28, réimpr. 1963. Vol.I (1810), Vol.II (1816), Vol.III (1817).

<u>Voir</u>: T.Rymer, <u>Foedera, Litterae et Acta Publica</u> ..., 4 vol., Londres, 1896-69.
<u>Calendar of the Patent Rolls: Edward III A.D. 1327-1348</u>, 4 vol., Londres, 1891-1903.
<u>Calendar of the Close Rolls: Edward III A.D. 1327-1349</u>, 8 vol., Londres, 1896-1905..

H.Nicolas, Proceedings and Ordinances of the Privy Council of England, t.I [1396-1410], Londres, 1839.

H.Maxwell-Lyte, Historical Notes on the Use of the Great Seal of England, Londres, 1926.

Début: A touz ceux qe ceste lettre verront ou orront etc. saluz en dieu. Sachez qe comme nadgaires une guerre mue en la terre par ascuns autrez countre tresexcellent et trespuissant prices mons. Edward par la grace de dieu roi d'Engleterre, seignour d'Irlande et ducs d'Aquitaine, jeo fui ove les diz grantz a eux aedant countre mon seignour [.i. an?], de sa grace et de bone seignourie me est granté ma vie ...

Fin: ... En tesmoignance de quele chose a ceste presente lettre ai mis mon seal. Doné a Eurewyk le .xi. jour de juyl., l'an de nostre regne seszisme.

d) V, ff.75v-76r: Statue de Scaccario. [Chester]

Début: [f.75v en latin] ... [f.76r] Pour ceo qe la commune du roialme ad eu graunt damages par torcenouses prises qe ount esté faites par viscountes et autres baillifs ...

Fin: ... tote la dette ou partie qe mes ne veignent en somonse ceo qe le viscounte avera reconuz soi avoir resceuz.

[Voir MS 482, pp.306-308]

e) V, f.76v: Pétition au roi concernant les mines et l'argent:

Début: A nostre seigneur le Roi et a son conseil monstre Thomas de Verwyke, clerk, pur profist le roi et en avantage de son roialme, pleist au roi et a son conseil en son roialme que touz maneres de mynours puissent myner communement par tout son roialme pur profist le roi, et que lour oevre soit amené [?] au Tour de Londres et pour lour travail alloeques jujedre [?] lour salaire solonc l'ordonnance le roi et son conseil. Item: que nul argent en plate ne soit mys en oevre avant que la plate soie assaié as assaies le roi ...

Fin: ... Et si le roi et son conseil ne poent concevire [?] les grantez profiz et avantages le roi et de son roialme. Des suditz choses pleise au roi et a son conseil coment ils vendront a tielz profiz sanz apauverissement de son poeple.

f) V, ff.77r-77v: <u>Statut</u> concernant l'échequier.

<u>Début</u>: f.77r   Le roi veut que touz maners de baillifs, viscountes et autres ministres le roi, auxi bien le Justice de Cestre, come les baillifs des Isles come autres de totes maneres, des receytes des issues des gardes et des echetes de lour baillifs soient respondaunt a l'eschekier ...

<u>Fin</u>: f.77v   ... Et par mesme la manere celuy que avera concelé sur son acounte les choses dount il se duist charger soit puny come celuy que avera fauxé alloaunce, et que touz les Justices, Enquerours et autres deforeines deliverent a [l'eschekier] al seint Michel de l'an les estretes des fins et des amereimentz faites a taxer devant eux de totes choses dont les estretes soleyent estre lyveretz illusques; et ceux del eschekier de la somounce par touz les countes salue ceo que les estretes de cyre des Justices de touz pleez soient meyntenant lyverez après le cyre faite.

g) V, ff.78r-78v: <u>Proclamatio</u>.

<u>Début</u>: f.78r   Oyetz li commandement de nostre seigneur le roy: nous semons la somounce a ercevesques, evesques, abbés, priours, countes et barons, chevalers, a touz les frauntz tenaunz de ceste garde et a tous altres que soloient et deiverent venir devaunt Justices eiraunz, qu'ils soient a la Tour de Londres, l'endemayn de seynt Hillaire ...

<u>Fin</u>: f.78v   ... auxi bien des baillifs et ministres le roy, come des baillifs des altres gentz qi que soient ou que se voudra pleyndre, viegnent devaunt les dite Justices a jour et leu avauntzditz a touz maners des pleyntes moustrer et retenere [?] de ces covenables amendes solonc ley et la costume de realme.

h) V, ff.84v-85r: <u>Ordinaciones civitatis London</u>.

<u>Début</u>: f. 84v   En primes que la poes dieux et la poes nostre seignour le roy soit bien gardé et meyntenu entre paynes et estraunges, et que les places et les venels de la orte soient deliverés de tote manere destourbaunces ...

<u>Fin</u>: f.85r   ... le payn freyde ne regeteresses avere sur peyne de gref amendement; qi a ceo soit aveynt mes tut cel custages, [ert?] en son payn au proffit de peple.

i) V, f.86v: <u>Value de Leyne d'Engleterre</u>. [Prix de la laine].

<u>Début</u>: Londres ⎫
Kent ⎪
⎬ le sak pur .vi. marc
Suffolk ⎪
Sussex ⎭

Euerwyke   le sak pur .ix. marc ...

j) V, f.87r: <u>Pétition</u>   contre l'extorsion:

<u>Début</u>:   A nostre seignour le roy e a son consail present diverse genz des comptes: Nichole*, Derbi, Leicestre, Roteland, [Huntingdon], [Northampton?], Oxneforde, [Wynkestre?], Gedeford et Essex, auxi bien clers come lays que pur dieux voillent remedie metre et aide asseaire enquentre des granz extorçouns et oppressions a torz que sunt faiz par l'evesche de Nichole* et ses commisaris ...

[*Lincoln].

<u>Fin</u>:   ... n'avera il pas le .v.c. d. qu'est pris par tiel extorçouns, car les <u>ordinariis</u> avantditz s'aseurent pur eschaper pur legier raunzon que plus grant mal feront après.

k)   V,   ff.88v-90r: <u>Statuts</u>   précisant   les   fonctions administratives relatives à l'hôtel du roi: Chancellier; Chambelant; Clerc des Roules; Seneschal; Conestable; Mareschal; Aummoignier; Clerc de sa livere; Clerc de la proene; Clerc de la garderobe; Clerc de la quysyne; Usshiers de Office; Justices; Viscount.

<u>Début</u>: f.88v   Pur ceo que nostre seignour le roi voet estre asserte del ayement de son roialme solonc les ancienes custumes e usage de la terre, avys est a ascuns de son roialme que nostre seignour le roi se doit adrescer pur la salveté de seinte eglise ...

<u>Fin</u>: f.90r   ... Derechief fait assavoir que touz ceux que cleiment d'avoir office ou fee du roi, de quel condicioun qu'ils soient d'einsainz ou forainz, et qi clament d'avoir certain fee ou retenances des costages le roi et son hostiel, seit lour droit de trier par title s'il erent, ou par bone assise de lour piers et par bons genz que mielz scievent las choses, si que le roi ne soit deceu ne trop chargé d'une part, ne eux desheritez d'autre part. Et ce soit fait en plein parlement et noun pas par meindre consail.

l) V, ff.90v-91r: <u>Les condicions sur le rendre de la ville de Berewyk</u> [1333].

<u>Voir</u>:   T.Rymer, <u>Foedera, Litterae et Acta Publica ...</u>, 4 vol., Londres, 1896-69, II, 872.

<u>Début</u>: f.90v Ceste endenture tesmoigne que le noble prince le roy d'Engleterre ad granté ad monseigneur William de Keth come gardein de la ville de Berewyk sur Twed et a toutz les gentz de quele condicion q'il soient, abbés, priours, et autres gentz de religion de seinte eglise, auxint mendinantz come possessours, chivalers, vasletz, burgeys, merchantz et tout le poeple enclos dedenz la ville, de quel estat, nation ou condicion q'il soient, c'est assavoir q'ils eient soeffrance de guerre par terre et par meer sur certeins hostages ...

<u>Fin</u>: f.91r   ... Et pur ceo que le grant seal le roi d'Engleterre ne fust pas en Escoce le jour de cest acord fait, le roi ad granté en bone foie q'ill ferra meismes cest acord estre enseelé de son grant seal dedeinz les premiers .viii. jours après le rendre de la dite ville de Berewyk sanz plus longe delai. Escript au siege de Berewyk, le .xvi. jour de juyl. l'an desiusdit.

m) V, f.96v: <u>La copie d'une lettre que vient de là onqe de la desconfiture que Mons. Robert d'Artois fist sur les Fraunczois.</u>

<u>Début</u>:   En droit des noveles de cestes parties, voilletz savoir que nostre seignour le Roy ove tot son peple des anglès e de Flandres est devaunt la ville de Tournoye et le counte de Henaud ove tot son pouwer est illoqes ove luy ...

<u>Fin</u>:   ... et ocist illeques .xv. barons et .viii.xx. chivalers; et graunt noumbre des gentz et des chivalers, et issint demora par le grace dieux la victoire de vostre dit monsieur Robert. Escript a Gaunt ou seconde jour d'aüst.

n) V, ff.97r-98r: <u>La fforme des Trewe prise entre Sire Edward Roy d'Engleterre et Sire Philippe Roy de France.</u> [1343].

<u>Début</u>: f.97r   Est acordé a la reverence del eglise e pour socour de mal estat de la cristienté et pour aider l'indemnité de les subgetz des seignours roys d'Engleterre et de Ffraunce et pur honnur des cardinaux petanz pees et concord entre les ditz roys ...

- 22 -

<u>Fin</u>: f.98r   ... Doné en la priorie de seint Marie Magdaleyne de Male Attreit de l'Ordre de Seint Benet en la diocese de Vauys, le .xix. jour de janever l'an de la nativité de nostre seignour m.ccc.xliii.

o) V, f.100r: Liste des participants à la bataille de Berwick.

<u>Début</u>: C'est le arrai et l'assemblé des gentz d'Escoce que vindrent a la bataille de Berewik. C'est assavoir avantgarde le counte de Morrene ...

<u>Fin</u>:   ... Dedeinz la ville de Berwik le counte Patrik de la Marche, gardeyn du chastel et .l. hommes d'armes; Alexander de Seton. le [   ] gardeyn de la ville ove .c. hommes d'armes et plusurs du pays oveque la comune de la ville.

Summe des countes .x.; des baneretz .lxix.; des bacheliers .c.v.; des gentz d'armes .iiii.m.cc.l.; du comune de la ville ove les estraaungés que estoient deinz la ville du païs .v.m.

La summe de touz deintz que d'autres: lxvii.m.cc.xxiiii. L'estimacioun des bones gentz mortz en la bataille: .iiii.m., et de comune .xix.m.

45

6. MS 45: 14e s. et 13e s. Vélin. ff.84+178. 2 vol. reliés ensemble. Lettres initiales rouges et vertes.

[Contenu de vol.I: Bernadus Guido, De origine prima gentis Francorum ..., etc.]

II ff.1-178: Roman de Lancelot (Lancelot en prose).

Autres MSS: Voir éd. Micha.
Voir aussi les fragments du MS 494.

Editions: A.Micha, Lancelot, roman en prose du XIIIe siècle, 9 vol., Paris, 1978-82.
E.Kennedy, Lancelot do Lac, 2 vol., Oxford, 1960. [trad. F.Mosès, Lancelot du Lac, Paris, 1991].

Voir: G.Hutchings, "Two hitherto unnoticed Manuscripts of the French Prose Lancelot", dans Medium Aevum III (1934), 189-194.
G.Hutchings, Le roman en prose de Lancelot du Lac: le conte de la charette, Paris, 1938 [réimpr. Genève, 1974]
F.Lot, Etude sur le Lancelot en prose, Paris, 1918.
E.Kennedy, Lancelot and the Grail. A Study of the Prose Lancelot, Oxford, 1986.
A.Micha, Essais sur le cycle du Lancelot-Graal, Genève, 1987.
Bulletin bibliographique de la Société Internationale Arthurienne, éd. C.Pickford et R.Last, Ipswich, 1981-83.
Bossuat I 1936-2028; II 6397-6414; III 7580-7618; IV 3941-3974, 4016-4047.
E.Kennedy, dans Actes du Colloque 1993, Cambridge, 1993.

Début: f.1r En la marche de Gaule et de la petite Bretaigne avoit ancienement .ii. rois, qui estoient frere germain et avoient deus serors germaines. Li uns des deus rois avoit non li rois Ban de Benoye, et li autres avoit non li rois Boorz de Gaunes. Li rois Bans estoit vielz hom; et sa fame estoit joule dame et bele trop et mout estoit bone dame et amée de totes gens; ne onques de lui n'avoit eu enfant que un tot seul, qui vallés estoit et avoit non Lancelos en son non, mais il avoit non en baptesme Galaaz ...

Fin: f.178r ... Quant [mesire Gauvain] ot ceste novele, si pense que il ira, kar il [quide] bien que Lancelot i soit, se il en ot parler; et porce dist il au chevalier et a la damoisele que il lor fera compaignie jusque là. Mes atant lecce ore li contes a parler d'els tot e retorne a Lancelot et de ses aventures, et coment il fut delivret de la karole ou il estoit mis. [Micha LXXXII, 1-2].

<u>Commentaire</u>: le texte n'est pas complet et s'interrompt au milieu de l'épisode de la carole.

50

7. MS 50: fin 13e s. Vélin. ff.4+181+4.

<u>Provenance</u>: De l'abbaye de Saint-Augustin, Canterbury.

a) ff.6v-90r: Wace, <u>Brut</u> (vers 1155).

<u>Autres MSS</u>: Voir éd. Arnold.

<u>Edition</u>: I.Arnold, Paris, 2 vol., 1938-40.

<u>Voir</u>: E.Brayer, "Deux manuscrits du <u>roman de Brut</u>", dans <u>Studi Monteverdi</u> I (1959), 100-108.
        A.Bell, éd., <u>An Anglo-Norman Brut</u>, Oxford (ANTS), 1969.
        A.Långfors, <u>Les Incipit</u>, 339-340.
        Bossuat I 3708-3728; II 6686-6689; III 7820-7822, 7827..

<u>Début</u>: f.6v
```
[Ki] vult oïr e vult saver
De rei en rei, de eir en eir,
Qui cil furent e dunt il vindrent
Qui primes Engleterre tindrent,
Mestre Wace l'ad translaté,
Qui en conte la verité,
Quels reis i ad en ordre eu
E qui eins e qui pus i fu.

Si cum li livres le devise,
Quant Gru eurent Troie conquise
E exilé tut le païs
Pur la venjance de Paris
Qui de Grece aveit ravie Heleyne,
Dux Eneas a quelqe peine
De la grant occise eschapat ...
```

<u>Fin</u>: f.90r
```
...Yvor, Yvori mer passerent,
Grant navies, grant gent passerent;
Les remesailles des Bretons,
Que nus Guales appellums,
Ki sunt en septentrion,
Orent en lur subjection.
Unc puis ne furent del poer
Qu'il peüssent Lundres aveir;
Tuz sunt mué e changié,
Tuz sunt divers e forslignié
De noblesce, de honur, des murs,
De la vie as ancesurs.
Guales cest noun a Guales vint
```

> Del duc Gualon, Guales tint,
> U de Galaes, la reïne,
> [A] ki la terre fud encline.
>
> Ci falt l'estorie des Bretuns
> E le lignage des barons
> Ke del lignage Bruti vindrent,
> Ki Engleterre lunges tindrent.
> Puis que Deus incarnacion
> Prist pur nostre redempcion
> Mil e cent e cinkaunte anz,
> Fist mestre Wace cest romanz.

b) ff.90r-90v: Abrégé d'une Chronique des Rois d'Angleterre (Liste des rois depuis Egbert jusqu'à Henri III).

Editions: J.Glover, Le Livere de Reis de Brittanie..., Londres, 1865 [d'après le MS Cambridge, Trinity College, R.14.7].
C.Foltys, Kritische Ausgabe der anglonormannischen Chroniken: Brutus, Li Rei de Engleterre, Le livere de reis de Engleterre, Berlin, 1962.
D.Tyson, "An early French Prose History of the Kings of England", dans Romania 96 (1975), 1-26.

Voir: T.Hardy, Descriptive Catalogue of Materials relating to the History of Great Britain and Ireland, to the End of the Reign of Henry VII, London, 1862-71, I, 571.
B.Woledge et H.Clive, Répertoire des plus anciens textes en prose française depuis 842 jusqu'aux premières années du XIIIe siècle, Genève, 1964, 75, No.22.
C.Clark, "The Anglo-Norman Chronicle", en appendice à l'édition de D.Whitelock de The Peterborough Chronicle, Copenhagen, 1954, 39-43.
F.Brie, The Brut or The Chronicles of England, ed. from MS Rawl. B.171..., 2 vol., EETS, Londres, 1906-08.
D.Legge, Anglo-Norman Literature, 27-36, 280-283.
D.Tyson, dans Actes du Colloque 1993, Cambridge, 1993.

Début: f.90r   Li   reis   de   Estengle   aveit Crantebreggesire,   Northfolke,   Suthfoke,   Essexe,   demi Bedefordsire, u il i aveit treis eveskés: Lundres, Ely, Northwyz ...

[Voir MSS 53, 98, 133, 469].

c) ff.91r-94v: Fabliau: Romanz de un chivaler e de sa dame e de un clerk.

Edition: P.Meyer dans Romania I (1872), 69-87.

Voir: J.Hines, The Fabliau in English, London, 1993.
        A.Långfors, Les Incipit, 415.
        Bossuat I, 2495.

Début: f.91r   Un chivaler [jadis] estoit
               Ke femme e enfaunz avoit.
               De sun cors esteit tres pruz,
               A tuz esteit corteis e druz;
               Sa femme estoit bone dame,
               De vilainie n'out unkes blame;
               Seint' esglise mult amoit,
               A mushter chascun jor aloit:
               Par matin i voleit estre
               Bien sovent ainz ke li prestre...

Fin: 1.580:
     f.94v...De sun peché penaunce prist,
            Ama Deu sor tote rien,
            Unc puis ne mespriht de rien.
            Lung tens vesqui en vie bone
            Del païs dame e matrone,
            E kant moruht la bone dame
            A Deu rendi sus sa alme.

   d) 94v-102r: Amis et Amile.

   Editions: P.Dembowski, Paris, 1969 [version francienne, d'après le MS Paris, B.N., f.fr.860].
             H.Fukui, Amys e Amillyoun, ANTS Plain Texts Series 7, 1990.
             K.Hofmann, Erlangen, 1852.
             E.Kölbing, in Altenglische Bibliothek No.2, Heilbronn, 1884 [version anglo-normande].

   Voir: D.Legge, Anglo-Norman Literature, 115-121.
             J.Dufournet, éd., Amis et Amile, une chanson de geste de l'amitié. Etudes recueillies par J.Dufournet, Paris, 1987.
             W.Woledge, "Ami et Amile, les versions en prose française", dans Romania 65 (1939), 433-456.
             S.Kay, "Seduction and Suppression in 'Ami et Amile'", dans French Studies XLIV (1990), 129-142.
             A.Långfors, Les Incipit, 338-339.
             Bossuat I 179-193, 4015; II 6051-6052; IV 1013-1030.

Début: f.94v   Ci comence l'estorie
                Ke devum aver en memorie
                De Syres Amis e Amilun,
                Ke furent si tro[p] bon cumpaynu[n],
                E unke ne amerunt treysun.
                Ki veut oïr chançoun d'amur
                De loange de grant douçour,
                En peis se tienge pour escouter.
                De treflure ne voil mie parler;
                De dous juvenceus vus dirrai
                Si com escrit le trovai.
                Ke a la curt un counte esteient
                E pour armes li serveient;
                Mult furent de grant vasselage,
                Gentils e de grant parage ...

Fin: f.102r ...Kar bien l'aveit deservi.
                En bone vie lung tens vesqui,
                En bien fez ses jours usa.
                Après la mort a Deu ala,
                E Amis son frere ensement.
                Mult s'entraimerent leaument
                E bone fu la compaignie;
                A Morters gisent en Lombardie.
                Deu fait pur eus vertuz,
                Les avegles veer e parler mutz.
                Ici finist de Amilion
                E de Sire Amis sun compaignon.

e) ff.102r-102v: L'estorie des .iiij. sorurs [Les Quatre filles de Dieu].

Autres MSS: Londres, B.L., Harley 1801.
                Londres, B.L., Arundel 292.
                Cambridge, University Library, KK.4.20.

Edition: F.Michel, dans son édition du Psautier d'Oxford (d'après le MS Arundel 292), 364-368.

Voir: P.Meyer, dans Romania 15 (1886), 352-353 (MS Cambridge University Library, KK.4.20)
         A Långfors, dans Notices et extraits des manuscrits de la Bibliothèque Nationale XLII (1933), 139-291.
         H.Traver, éd., The Four Daughters of God, Bryn Mawr College Monographs VI, 1907.
         D.Legge, 223-224.
         A.Långfors, Les Incipit, 133.
         Bossuat I, 3563-3565.

Début: f.102r Ci comence l'estorie des .iiij. sorurs,
En tout le mund ne furunt melurs.

Entendez a moi li veuz et enfanz,
Paroles oiret ke mult sunt vaillanz,
De quatre sorurs vus voil dire,
Ke sunt filles nostre Sire.
Si vus dirrai la concordance
De la primere destaunce
Ke fu entre Deu e homme
Pour ceo ke Adam mort la pome.
Nul homme si bel servi ne eust
Deu ke li n'i estut
A la fin en Enfern descendre
E la demorer e attendre.
Unkes ne furent visitez
Deske Merci e Verité
S'entre acontrerent a un jour,
E Justice sa sorur.
Mult doucement se entrebracerent
E de un contek se entrepeiserent ...

Fin: f.102v ..."Beau Piere," fet Misericorde,
"Si peis ne face ceste concorde
Od l'aide ke jeo li faz,
Ou trouverom mes solaz?"
"Beau Piere," fet dunc Verité,
"Ne peut nient estre aquité
Le prison en ceste guise
Ke jeo ne fusse ariere mise.
Je vois tut dis od teste levée,
E jeo serroie trop grevée,
Trop matée, trop desconfite,
Si par Vus esteie desdite.
        Explicit.

Ci finit l'estorie de quatre sorurs
Ke furent vailanz e de bone murs.

f) ff.102v-181r: Gui de Warewic.

Edition: A.Ewert, 2 vol., Paris, 1932.

    Voir: O.Winneberger, Uber das Handschriftverhältnis des altfranzösischen Guy de Warwick, Diss., Marburg, 1889.
            W.Rothwell, "New Fragments of a Gui de Warwick MS", dans French Studies 13 (1958), 52.
            P.Meyer, dans Bulletin SATF 8 (1882), 61-65.

J.Herbert, "An early MS of Gui de Warwick", dans Romania 35 (1906), 68-81.
D.Legge, Anglo-Norman Literature, 162-171.

R.Crane, "The Vogue of Guy de Warwick from the Close of the Middle Ages to the Romantic Revival", dans Proceedings of the Modern Language Associationm 30 (1915),124-194.
A.Långfors, Les Incipit, 293.
Bossuat I 1347-1367, 4130; III 7317; IV 2454-2462.

Début: f.102v   E comence l'estorie de Gyun
               Ke de Warwyk porta le nun.
               E de tout cis compaynuns
               Ke furent tres noble baruns,
               Ke de la bone Engleterre furent nez,
               Des plus riches e plus nobles barnez.

       f.103r Puis cel tens ke Deus fu nez
               E establi crestienetez,
               Multz des aventures sunt avenues
               Ke a tuz hommes ne sunt pas sues.
               Pur ceo deit l'en mult enquere
               E pener sei de bien fere,
               E de bons prendre esperementz,
               De faitz, de diz as aunciens
               Ki devant nus esteient.
               Aventures beles lur aveneient
               Pur ceo qu'il amoient verité
               Tut dis, fei e leauté.
               De eus deit l'um bien sovenir
               E lur bons faitz dir e oïr.
               Qui mult out e ceo retient,
               Sovent mult sage devient.
               Ceo est tenu a bele mestrie
               Ki fait le sen e lest la folie.

               De un counte volums parler
               Qui mult fait a preiser,
               E de un son senescal
               Qui pruz ert e leal,
               E de son fiz, un damoisel
               Qui mult par ert gent e bel,
               E com il amat une pucele
               La fylle au counte ke mult ert bele.

               En Engleterre un coens esteit
               En Warewik la cité maneit ...

<u>Fin</u>: f.181r ...De ceste estorie voil fin faire;
Plus n'en voil desore traire.
Bel ensample i peut em prendre
Qui bien la siet e veut entendre,
De pruesce ainsi leauté tenir,
De tuz biens faire e mal guerpir,
Orguil, richesces aver en despit.
De Guion nus aprent le escrit,
Ceo est la summe de sa valur,
Ke tut guerpi pour sun creatur,
E cil qui en la sainte Trinité
Un Deu est par sa pité
Nus doint en terre si servir
Ke a li en glorie puissums venir. Amen.

<u>Commentaire</u>: A part les pages initiales qui contiennent la liste en latin des rois de la Grande Bretagne, le contenu du MS est entièrement en français. Voir aussi la version de <u>Gui de Warwik</u> en prose, éd. D.Conlon, Chapel Hill, 1971.

53

8. MS 53: 14e s. Vélin. ff.210+2. 2 vol. reliés ensemble. Magnifiquement enluminé.

<u>Provenance</u>: L'abbaye de Peterborough.

<u>Contenu principal</u>: a) <u>Psautier de Peterborough</u> (<u>Peterborough Psalter</u>); b) <u>Bestiaire</u>.

ff.180v-184v: <u>Chronique d'Angleterre</u> en prose (deux mains: i) jusqu'à la mort d'Edouard I; ii) jusqu'au couronnement de Henri IV (1399)).

<u>Autres MSS</u>: Voir l'édition de Tyson.

<u>Editions</u>: J.Glover, <u>Le Livere de Reis de Brittanie</u>, Londres, 1865 [d'après le MS de Cambridge, Trinity College, R.14.7].
    C.Foltys, <u>Kritische Ausgabe der anglonormannischen Chroniken: Brutus, Li rei de Engleterre, Le livere de reis de Engleterre</u>, Berlin, 1962.
    D.Tyson, "An early French Prose History of the Kings of England", dans <u>Romania</u> 96 (1975), 1-26.

<u>Voir</u>: T.Hardy, <u>Descriptive Catalogue of Materials relating to the History of Great Britain and Ireland, to the End of the Reign of Henry VII</u>, London, 1862-71, I, 571.
    B.Woledge et H.Clive, <u>Répertoire des plus anciens textes en prose française depuis 842 jusqu'aux premières années du XIIIe siècle</u>, Genève, 1964, 75, No.22.
    C.Clark, "The Anglo-Norman Chronicle", en appendice à l'édition de D.Whitelock de <u>The Peterborough Chronicle</u>, Copenhagen, 1954, 39-43.
    F.Brie, <u>Geschichte und Quellen der mittelenglischen Prosachronik The Brut of England oder The Chronicles of England</u>, Marburg, 1905.
    F.Brie, <u>The Brut or The Chronicles of England, ed. from MS Rawl. B.171...</u>, 2 vol., EETS, Londres, 1906-08.
    D.Legge, <u>Anglo-Norman Literature</u>, 27-36, 280-283.
    P.Meyer, "De quelques chroniques anglo-normandes qui ont porté le nom de Brut", dans <u>Bulletin SATF</u> 4 (1878), 122-124.
    D.Tyson, dans <u>Actes du Colloque 1993</u>, Cambridge, 1993.

<u>Début</u>: f.180v Devant la nativité Nostre Seignur mil et .cc. anz vint Brutus le filz Silvius en Engletere, si fit la vile de Loundres. Eboracus, le fiz Brut rei après lui, fit Everwik. En cel tens regna David en Jerusalem. Rubundibras le

fiz Eboracus fit Canterbiri, Wincestre, Cestrebirus, et iluk parla un agle apré lui ...

<u>Fin</u>: f.184v   ... Après cesti Roi Ricard le seconde pour ce qu'il avoit deus femmes e nul engendrure de son corps de mene, le barounes e grant [seingnours] d'Engletere eluerent Henri, par la grace du fiz a noble duk de Lancastre e John de Gaunt, fiz a Roi Eduuard de Windhsore, e fut corouné solempnement a Westmoustier par Thomas Aroundel ercheveske de Canterburs la lunnde en la feste Seint Eduuard le confessour l'an de grace mil .ccc. novaunttine et neofyme.

[Voir MSS 50, 98, 133, 469]

59

9. MS 59: 14e s. Vélin. ff.2+1+256.

   Provenance: Peut-être du prieuré de Merton, ou de West Langdon (Kent).

   Contenu principal: Chartes, statuts etc.

   a) ff.180v-181r: No.16. Droit maritime [français et latin].

   Voir: E.Elkwall, The concise Oxford Dictionary of English Place-Names, 3e éd., Oxford, 1951.
             A.Mills, A Dictionary of English Place-Names, Oxford, 1991.
             A.Mawer & F.Stenton, The Place-Names of Sussex, 2 vol., Cambridge, 1969.
             J.Wallenberg, Kentish Place-Names, Uppsala, 1931.
             J.Spittal & J.Field, A Reader's Guide to the Place-Names of the United Kingdom, Stamford, 1990.

   Transcription intégrale: f.180v   Ces sount les services qe les barouns des Cynk-portz deivent au roi de an en an pour veer si mester est, ceo asavoir:

```
La vyle de Hastyngge - .iii. nefs    [Hastings]
La lewe de Pevensé - .i. nef         [Pevensey]
Bolewareheth et Petite Jannue - .i. nief
                                     [Bulverhythe;
                                      Gensing?]
Bekesbourn en Kent - .i. nief
Grenethe en Kent - .ii. hommes ove .ii. avirons ove
                 cestes de Hastynggs
La vyle de la Rye - .v. niefs
La vyle de Wynchelse - .x. niefs
Le port de Romenal et du val romenal - .iii. niefs
                                     [Romney]
Lyde - .i. nief
Le port de Hethe - .v. niefs    [Hythe]
Le port de Dovorr - .xix. niefs    [Douvres]
Ffolkestone - .i. nief
La vyle de Ffaversham - .i. nief
Le port de Sandwych, Stonore, Ffordwych,
    Dale et Serre - .v. niefs    [Deal; Sarre]

    Summe totale: .l. et .vii. niefs.
```

   Et fait asavoir qe qant le roy vodra avoir soen service des avauntdyz niefs, il avarount .xl. jours de somounce et troverount au roy en chescune nief .xx. hommes et le mestre et serront les mariners de chescune nief armé et bien atiré pour faire le service le roy. Et irront les niefs as propres custages des .v. portz là ou il serront somounz. Et quant les niefs serront là venuz, les niefs demorrent .xv. jours en service le roy as propres custages des .v. portz. Et après les .xv. jours pasés, les niefs demurrent as custages le roy s'il en ad a faire. Ceo est asavoir le mestre de la nief prendra le jour .vi. deners, et le conestable .vi. d., et chescun des aultres .iii. deners.

La court de schipp avera .xl. jours de somounse et est tenue pour .v. poynz ou pour un de .v. Ceo est asavoir: Por fauz jugement. Por service le roy sustrer. Por tresor trové suthz terre. Por faucener de monaye. Por tresoun pourparlé countre le roy.

b) ff.193v-195r: No.26. Droit maritime.

Début: f.193v   Icy comence Oleroun des jugemens de la meer. Primerement l'en fayt un homme mestre d'une nef, [et] a deux ou a trois la nef s'en part du pays dount yl est, et vynt a Burdeux ou a La Rochelle ou aylours e sofrette pour aler en pays estrange. Le maystre ne poet pas vendre la nef saunz comandement ou procuracioun de ses seyngnours, mes s'il ad mester des espencis yl poet ben mettre ascunus de aparrelez en gages par consayl des conpaignouns de la nef. Ceo est le jugement en ceo cas ...

Fin: f.195r   ... Un mestre d'une nef lowe ses mariners en la ville dount la nef est, et lowe les uns a marreages, les altres a deniers. Il veit qe la nef ne pust trover fret a venir en ses parties et lour convent alier plus loyns. Ceus qe vount a marreages les deynent sure, mes ceus qe vount a deners, le mestre est tenu a lour mendre lour lowers un par un, corps par corps par la resoun q'il les aveyt alowé a termine lever; et s'il viengent et chargent plus pres qe lour covenaunt fut pris, il doit avoir son lower toutz a long, mes il doit aydier a rendre la nef là ou il [la] prist si le mestre voit a l'aventure de dieu. Ceo est le jugement etc.

c) ff.200v-211v: No.29. Statuts d'Edouard I [1275].

Edition: Statutes of the Realm, The, 11 vol., Londres (Royal Records Commission), 1810-28, réimpr. 1963. Vol.I (1810), Vol.II (1816), Vol.III (1817).

Voir: T.Rymer, Foedera, Litterae et Acta Publica ..., 4 vol., Londres, 1896-69.
         H.Nicolas, Proceedings and Ordinances of the Privy Council of England, t.I [1396-1410], Londres, 1839.
         H.Maxwell-Lyte, Historical Notes on the Use of the Great Seal of England, Londres, 1926.

<u>Début</u>: f.200v   Ces sunt les etablisemenz le roi Edward fiz le roi Henri fist a Westmustier a son premer general parlement enprès son coronement l'endemayn de la cluse pasche, l'an de son regne terz, par son conseil e par ensentement des erceveskes, eveskes, abbez, priors, countes, baruns e la conmunauté de la terre ilokes somimusé [?].

Pur ce ke nostre seignur le roy ad grant volenté e desir del estat de son reaume adrecer en les choses ou metyers est de amendement ...

<u>Fin</u>: f.211v   ... E pur ceo ke grant charité serroit de fere dreit a tuz e en tuz tens mestier serroit ke par ensentement de prelaz assises de noveles desseysines de mort de ancestre e de dreyn present fussent prises en advent, septuagesine e en quarame ausi bien com l'em fet les enquestes. E ceo prie le roy as eveskes.

[Voir MS 482, pp.25-64].

d) ff.211v-215r: [<u>Statut. Gloucestrie</u> 1278]. Français et latin.

<u>Début</u>: f.211v Por les graunz meschefs, damages e deseritesuns ke gent del reaume de Engletere ount eynz ces houres suffert pur defaute de ley faillit en plusurs cas en meyme le reaume nostre seyngnur, le rey, pur la relevacion del pople e achver teus damages, meschefs e deseritesuns, ad purveu e establi le choses de suz escrites, e wet e comonde ke [f.212r] eles seyent desormès fermement tenuz en son reaume. - [texte latin intercalé, ff.212r-213r] - [f.213r] Cum avant ces houres ...

<u>Fin</u>: f.215r   ... Purveu est ensement ke le meyer e les bayllifs avant la venue de ces baruns enguerent de vins venduz en contre la assise, e le presenteront devant eus a lur venue e dunkes seyent amverciez là ou soleyent entendre la venu de justices.

[Voir MS 482, pp.64-75].

e) f.232v: No.40.   <u>Tableau généalogique</u> des rois de France et d'Angleterre. [après 1363].

<u>Transcription intégrale</u>:

Le Roy de Ffrance - sa file - la Royne de Ffrance - son fitz - le Roy de France.

Le secunde fitz. Philippe le Loung, Roy: le quele morust sanz issue de son corps.

Le primer fitz. Philippe le Beaus, Roy de France.

Le treyce fitz. Charles, Roy de France. Son fitz: Johan qi fuit apellé Roy de Ffrance le primer jour q'il fust marrié; yl morust le .viii.me jour après.

[Philippe le Beaus]. Sa fille. Isabelle, Royne d'Engleterre. Son fitz: Edward de Gydleford, Roy d'Engleterre. Son fitz: Edward, Princes de Gales.

[Philippe le Beaus]. Soun frere: Charles, counte de Valoyns. Son fitz: Philippe, Roy de France. Son fitz: Johan de Ffrance qui fust pris par le prince de Gal et morust en Engleterre. Son fitz: Golfyn de Vian et altres.

f) ff.236r-236v: No.43. Lettre des barons au pape Clément VI [1344].

Début: f.236r   A tresseyntime Piere en dieux, Sire Clement, par divine pourveadunce de la seyntime esglise de Rome et de universele esglise sovereigne ovesque lez soens fyz humbles denoncez soutez: dukes, countes, barouns, chutalers, cytezayns, burgays et tote la commune de roilame d'Engletere assentiz en parlement tenuz a Westmuster a la quinzeyne de pasch prochein passé, devoutes beisers ... Adeske deyns la roialme d'Engleterre esglises, cathedrales et collegiales abbeyes, priorys et autres divers as maisons de religioun et en eus azdence [?] et as prelates governours des ditez fieus done terres, possessiouns, petizouns, franchises, awousouns et patronages des dignités, provendres, offices, esglises et d'autres pluseurs benifices a cele fyn ...

Fin: f.236v   ... qe pour peu ne lerrouns que nous ne mettrouns nous cures et travayls de remedie enguerer et correctiouns mettre as causes des sudsdites. En testimonannal etc.

g) ff.236v-237r: No.44. La manere de la renonciation del roy Richard de sa corone e de la election del roy Henry le quatre puis le conqueste [1399].

Début: f.236v Primerement le dymenge le veyl de seynt Michel après manger furent envoyés par l'asent de tout grant consayl d'Engleterre al roy Richard tan k'a la tour de Londres l'ercheveqsue de Euerwyk, l'evesque de Herford, ovesqes les countez de Northumberland et Westmoreland ... et mestre John Fferby notariis, pour savoir de par la dite consail de dit roy s'il voudroit renouncer tout le droit q'il avoit en la coroune d'Engleterre ove lez appertenaunz come il avoit promis a eux avaunt ces heoures. Et le roy refroidy et dist q'il covient a ly primerement de veer en escriptz la maner de la renonciacion et qi ly doit renouncer. Et sur ceo ils deliverent a luy une bulle ...

Fin: f.237r   ... et le dit roy tantost reballa a checun de eux son office et son charge comme sez offitz de novelement faitz. Et donque l'erchvesque de Cantirbirs prononcia coment le roy seroit coroné a Westmuster ove solempnement comme appent le lundy esceant le feste de seint Edward. Et puis de comandement de dit roy mesme, l'erchvesque overtement là resomenera le dit parlement encountre proschein midy adonques ensuant. Et finia le jour. Et donques leverent lez [?]. Et temps y fuist par entre treis et quatre de la clokke après manger.

60

10. MS 60: fin 14e s. Vélin. ff.1+284.

<u>Contenu principal</u>: J.Parisiensis, <u>Memoriale Historiarum</u>.

    f.284v   <u>Tabula progenierum francie</u>: Ajouté par une deuxième main en dernière page. Démontre l'ascendance d'Edouard I, avec commentaire en français:

<u>Début</u>: f.284v Pur declaracioun avoir de la table de sus escrite fait a remembrer que Philipp roy de Ffrance est nomé le conquerant sainte guerre en Arragone e illuk or com l'em dit fu trahi par son fiz Philipp le Beau e puis morust de dul e de honte pour ceo q'il failli de son pourpos q'il avoit de conquere la terre d'Arragone ...

63

11. MS 63: début 14e s. Vélin. ff.260+4. 5 vol. reliés ensemble.

Provenance: du prieuré de Christ Church, Canterbury.

Contenu principal: Opuscula Anselmi, Epîtres, etc.

ff.3r-3v: Poème attribué à Rutebeuf, Les Neuf Joies Nostre Dame [Les diz des proprietez Nostre Dame].

Editions: E.Faral et J.Bastin, Oeuvres complètes de Rutebeuf, 2 vol., Paris, 1959-60, II, 247-252.
T.Mustanoja, Les neuf joies Nostre Dame, a Poem attributed to Rutebeuf, Helsinki, 1952.

Voir: J.Frappier, dans Romance Philology X, 66-70.
A.Långfors, Les Incipit, 346-347.

Début: f.3r

I Royne de pité, Marie,
   En ky deytez pure e clere
   [A] mortalité [se] marie,
   Ki es e virge e file e mere.
   Virge enfantas le fruit de vie,
   File tun fiz, mere tun pere.
   Mut as de nuns en prophecie,
   Si n'i a nul ke ne ait mystere.

   Tu es suer, espuse e amie
   Au roy ki toz diz ert e ere.
   Tu es verge seche e florie,
   Duz remede de mort amere.
   Tu es Hester ke se humilie,
   Tu es Judith ke beau se pere.
   Aman en pert sa segnurie
   E Olofernes le cumpere ...

- 41 -

<u>Fin</u>: f.3v ...

XXVI La utime par ateu devise
　　　Quant par sa sainte missiun
　　　Del seint esperit fus esprise,
　　　La nevime qui fu la assumpciun,
　　　Quant en alme e en cors fus assise
　　　[Fus] sur tote creaciun.
　　　Dame ke tuz li secle prise,
　　　Par ces noef joies te prium:
　　　Aidez nus vers la franchise
　　　Ke au darrein jor de mise
　　　Od les noef ordres mansiuns
　　　Nous doynt en cele haute eglise.
　　　　　　　　　　　　　　　Amen.

66a

12. MS 66a: 14e s. Vélin. ff.4+238. [autrefois relié avec le MS 66 actuel, 13e s., de l'abbaye de Sawley]

<u>Provenance</u>: de l'abbaye de Bury St.Edmunds. La deuxième partie se trouve à Cambridge University Library, Ff.I.27, relié avec la deuxième partie du MS de Sawley (don de Matthew Parker)

<u>Contenu principal</u>: Guillaume de Rubruck, <u>Itinera in Terram Sanctam</u>, <u>Epistola Presbiteri Johannis</u>, etc.

a) ff.224v-227r: Poème sur l'<u>Histoire de la Croix</u> (suivant un texte latin sur ce sujet: "Post peccatum Ade expulso eo de Paradyso ...".

<u>Edition</u>: M.Lazar, "La légende de l'"arbre de Paradis" ou "bois de la croix", dans <u>Zeitschrift für romanische Philologie</u> 76 (1960), 34-63.

<u>Voir</u>: P.Meyer, dans <u>Abh. bayer. Akad.</u> 16, iii, 131.
   D.Legge, <u>Anglo-Norman Literature and its Background</u>, 272.
   A.Långfors, <u>Les Incipit</u>, 19.

<u>Début</u>: f.224v Apres ke Adam fu getez
De Paradys pur ses pechez,
Del inobedience k'il out trespasé
Il cria merci a dampneté.
E nostre Sire li promist
De totes choses k'il requist
Ke le oyle de misericorde li doreit
E de plus si il le requeist.
Lors veint Adam, e sa femme od ly
En le val de Ebron, si suffri
Maynt travail e meint tour,
E meint ennoy e meint dolur ...

<u>Fin</u>: f.227r ...Sur cele croiz fut crucifié;
Mains e pez de clous fiché
E d'espines agues coruné,
Eissi cruelment tormenté.
E Deus pur sa passiun
De nos pechez nus doint remissiun
E al drein si repentir
Ke la joie puisum servir
Par la sue seinte aÿe;
Ni eit nul ke amen ne die.

b) ff.227r-228r: Fragment d'un poème sur l'<u>Enfance du Christ</u> (<u>L'Evangile de l'enfance</u>).

<u>Autres MSS</u>: Cambridge University Library, Gg.I.1.
Oxford, Bodleian Library, Selden Supra 38.
MS Didot (voir P.Meyer, <u>art. cit</u>).

<u>Voir</u>: P.Meyer, dans <u>Romania</u> 15 (1886), 334-337.
R.Bossuat, I 3068-3069.
A.Långfors, <u>Les Incipit</u>, 120.

<u>Début</u>: f.227r En cel tens ke Herodes saveit
Ke Jhesu Crist neez estoit,
Grant envie de ço aveit
Ke nul sur ly ne regnereit
[Ou] ke nul eust tel poer.
E pour ço fist il sa gent mander,
Ke par tote tere allasent
E k'il son commandement feissent
K'il accient tuz les enfauns
Ke fussent dedens de deus auns
D'envie de celuy
Ke de la virgine nasqui ...

<u>Fin</u>: f.228r ...E Deus nus doint issi loer
E son nun magnifier,
Ke nus puissum aver pardun
E de nos pecchez remissiun.
Amen. Pater noster Ave dium.

<u>Commentaire</u>: La source du poème est une rédaction du <u>Pseudo-Matthaei evangelium</u>, ou <u>Liber de infantia Salvatoris</u>.

80

[13. MS 80: 15e s. Papier. ff.1+200.

a) ff.197r-200v+1r-88v: Henry Lovelich, History of the Saint Grail, traduit du français.

Edition: R.Furnivall, Roxburghe Club, 2 vol., 1861-63, et EETS Extra Series, 1874-1905 .

b) ff. 88v-196v: Henry Lovelich, Merlin (incomplet), traduit du français.

Edition: E.Kock, 3 vol., EETS Extra Series, Nos. 93 & 112, 1904-1913; EETS Original Series, No.185, 1932.]

91

14. MS 91: fin 15e s. [1465-1475]. Vélin. ff.2+200+2. Belle miniature en première page. Deux mains.

   Provenance: flamande.

   Histoire des Seigneurs de Gavres (1456).

   Autres MSS: Bruxelles, Bibl. roy. 10238.
                 Liège, Bibl. Grand Séminaire 6A9.
                 Paris, B.N., nouv.acq.fr. 1821 (Baudouin de Gavre, abrégé des Seigneurs de Gavres).

   Edition : Van Dale, Bruxelles, 1845 (fac-similé du MS de Bruxelles).
   R.Stuip, Paris, 1993.

   Voir: A.Dinaux, Les trouvères brabançons, hainuyers, liégeois et namurois, Paris-Bruxelles, 1863, 610-619.
            V.Desclez, dans L'Annuaire de l'Université Catholique de Louvain 69 (1905), 308-311.
            G.Gröber, Geschichte der mittelfranzösischen Literatur. II, Vers-und Prosadichtung des 15. Jahrhunderts, Zweite Auflage, bearbeitet von Stefan Hofer, Berlin-Leipzig, 1937, 163.
            G.Doutrepont, La littérature française à la cour des ducs de Bourgogne, Paris, 1909.
            G.Doutrepont, Les mises en prose des épopées et des romans chevaleresques du XIVe au XVIe siècle, Bruxelles, 1939 [réimpr. Genève, 1969].
            C.Thiry, "Une rédaction du XVIe siècle de l'Histoire des Seigneurs de Gavre", dans Mélanges de langue et littérature offerts à Pierre Le Gentil, Paris, 1971, 839-850.
            R.Morse, "Historical Fiction in fifteenth-century Burgundy", dans The Modern Language Review 75 (Janvier 1980), 48-64.
            R.Stuip, "L'histoire des Seigneurs de Gavre: quelques remarques sur la langue des deux manuscrits du XVe siècle", dans Le Moyen Français 8-9 (1981), 253-263.
            R.Stuip, "L'histoire des Seigneurs de Gavre: sa popularité à la fin du moyen âge", dans Mélanges de linguistique, de littérature et de philologie médiévales, offerts à J.R.Smeets, Leiden, 1982, 281-292.
            R.Stuip, "Entre mise en prose et texte original. Le cas de l'Histoire des Seigneurs de Gavre", dans Rhétorique et mise en prose au XVe siècle, Actes du VIe Colloque International sur le Moyen Français (Milan 1988), Milan, 1991, 211-228.

R.Stuip, "Le public de l'Histoire des Seigneurs de Gavre", dans Courtly Literature: Culture and Context:Actes du 5e Colloque triennal de la 'International Courtly Literature Society' (Dalfsen 1986), Amsterdam-Philadelphia, 1990, 531-537.
R.Stuip, "L'"Histoire des Seigneurs de Gavre" dans la bibliothèque d'Antoine de Lalaing en 1548", dans Les sources littéraires et leurs publics dans l'espace bourguignon (XIVe-XVIe s.), Publication du Centre européen d'études bourguignonnes (XIVe-XVIe s.), 31 (1991), 189-198.
R.Stuip, "Entre mise en prose et texte original. Le cas de l'Histoire des Seigneurs de Gavre", dans Rhétorique et mise en prose au XVe siècle (Actes du VIe Colloque international sur le Moyen Français. Milan, 4-6 mai 1988), éd. S.Cigada et A.Slerca, Milan, 1991, vol.II, 211-228.
R.Stuip, dans Actes du Colloque 1993, Cambridge, 1993.

Début: f.1r   Les tres haulx et courageux faiz de noz anchiens predecesseurs escripz pour exemple et memoire a la loenge d'iceulx ramainent a la congnoissance de mon debilité et obscurcy entendement une matiere laquelle sera discutée en rude et commun stille ou proces de ce present traittié. Comme il soit ainsy que tous les temps de ma vie de tout mon cueur ay desiré sa-[f.1v]-voir les haulx fais achevez et mis a fin par les haultes proesses et vertueulx couraiges de noz anchiens predecesseurs et aussy que leur gloire de bonne renommée ne soit estainte ne muchée mais augmentée, ay voulu transmuer ceste presente histoire de langaige italien en langue franchoise, laquelle fait mencion de seigneurs jadis possessans les terres, chasteaulx et seignouries en Flandres, et dont les armes qui a present possessent leur sont venues. Parquoy se par ma simplesse ou negligence en poursuivant ceste matiere puis avoir failli de la mettre ou couchier ainsy comme bien appartiendroit a la dicte histoire, sy supplie a ceulx qui le verront ou orront lire que pardonner le me veullent et moy tenir pour excusé ...

Fin: f.220r ... Le duc Ypolitus et luy regnerent en grant prosperité dont bien estoient tenu de rendre graces a nostre Seigneur. Le duc Loys et la ducesse Ydorie furent moult plains des nobles du pays et du commun peuple. Se pour plourer e gemir, pour or ne pour argent ilz l'eussent peü racheter, voulentiers l'eussent fait. Mais il n'est nul que fin ne conviengne prendre. Sy sailly de Bauduin de Gavres depuis grant et noble ligne, laquelle Dieu par sa grace [f.222v] veuille en bien parmaintenir.
Et atant fine la vraye histoire des seigneurs de Gavres dont estoit yssu le duc Loys d'Athenes et les autres seigneurs de Gavres regnans jusques au jour d'uy. Ceste histoire a esté translatée de grec en latin et de latin en flamenc. Et depuis a esté transmuée en langaige franchoiz le derrenier jour de mars l'an mil .iii c. lvi.
Cy fine l'ystoire des seigneurs de Gavres.

98

15. MS 98: vers 1470. Vélin. Rouleau d'une longueur de 13m. environ, sur 16 peaux. Ecriture sur chaque côté: à l'intérieur en français, à l'extérieur en latin.

Généalogie des Rois de Bretagne.

Editions: J.Glover, Le Livere de Reis de Brittanie ..., Londres, 1865 [d'après le MS Cambridge, Trinity College, R.14.7].
C.Foltys, Kritische Ausgabe der anglonormannischen Chroniken: Brutus, Li rei de Engleterre, Le livere de reis de Engleterre, Berlin, 1962.
D.Tyson, "An early French Prose History of the Kings of England", dans Romania 96 (1975), 1-26.

Voir: T.Hardy, Descriptive Catalogue of Materials relating to the History of Great Britain and Ireland, to the End of the Reign of Henry VII, Londres, 1862-71, I, 571.
B.Woledge et H.Clive, Répertoire des plus anciens textes en prose française depuis 842 jusqu'aux premières années du XIIIe siècle, Genève, 1964, 75, No.22.
C.Clark, "The Anglo-Norman Chronicle", en appendice à l'édition de D.Whitelock de The Peterborough Chronicle, Copenhagen, 1954, 39-43.
D.Tyson, "Patronage of French vernacular History Writers in the twelfth and thirteenth Centuries", dans Romania 100 (1979), 180-222.
D.Tyson, "King Arthur as a literary device in French vernacular History Writing of the fourteenth Century", dans Bibliographical Bulletin of the International Arthurian Society 33 (1981), 237-257.
D.Tyson, "French vernacular History Writers and their Patrons in the fourteenth Century", dans Medievalia et Humanistica New Series 14 (1986), 103-124.
D.Tyson, ed., Rauf de Boun: Le Petit Bruit, ANTS Plain Texts Series 4, Londres, 1987.
D.Tyson, "Problem People in the Petit Bruit by Rauf de Boun", dans Journal of Medieval History 16 (1990), 351-361.
F.Brie, éd., The Brut or The Chronicles of England, ed. from the MS Rawl. B.171..., 2 vol., EETS, Londres, 1906-08.
D.Legge, Anglo-Norman Literature, 27-36, 280-283.
D.Tyson, dans Actes du Colloque 1993, Cambridge, 1993.

Jusqu'à Eneas, les noms sont inscrits dans des médaillons. Ensuite le texte commence:

<u>Début</u>:   En la noble cité de graunt Troie, il i avoit un noble chivaler fort et puissant de corps qe avoit a noun Eneas. Et quant la cité de Troie fu perse et destruite par ceux de Grece, cestui Eneas ove toute sa maisnie s'enfui de illeque e vint en Lumbardy, une terre qe fu en la poor e la seigneurie le roi Latine...

<u>Commentaire</u>: Il s'agit du <u>Brut</u> en prose [voir Cambridge, Bibl. de l'Université, MSS Ee 1 20, Gg 1 1, Gg 1 15 etc.]. Certaines époques sont traitées de façon détaillée, d'autres de façon sommaire. Les princes gallois occupent la ligne centrale; les rois anglais sont sur la droite, jusqu'a Henri VI.

A "Edmond le filz Athelrede", l'ascendance de Lacy occupe la gauche, illustrée par des écussons. Avec Henri III commence l'ascendance du Conte Mareschalle.

[Voir MSS 50, 53, 133, 469].

110

16. MS 110: 16e s. Papier. pp.458.

<u>Contenu principal</u>: Lettres et chartes.

p.141: Ceo est la lettre le bon roy Edwarde enroulé en la chauncelerie, mandé au pape que adunque estoite, contenaunte le droit que nostre seigneur le roy ha, au roialme d'Escoce.

<u>Commentaire</u>: Ce sont les seules lignes en français parmi des documents en latin concernant les droits du roi anglais en Ecosse, réunis, selon le MS, par un G. Rishanger et autres. La lettre est copiée du MS 292, ff.112v-116r: "Sanctissimo in Christo patri domino Bonifacio .... Infra scripta non in forma nec in figura ... Apud Remesoye 7 Mai. a.d.1301 et regni nostri 29." A comparer aussi avec le MS 298, IV, p.27.

117

17. MS 117: 15e s. Vélin. ff.165+2.

Provenance: Quelques éléments ont été copiés du MS 135 de Bury St.Edmunds.

Contenu principal: R.Higden, Polychronicon.

f.160r En post-scriptum:

Ceux sount les noms des Countes, barons et baronettis pris et tuez par le Counte de Northumberland, le Counte de Dunbar et mon seigneur Percy le jour du exaltacion du seint Croys a la bataille du Humbyldonhyll l'an du roy Henry .iiii.^{te} puisse le conquest d'Engleterre .iii.^e

119

18. MS 119: 16e s. Papier. pp.369.

Lettres surtout de réformateurs.

[a) pp.15-16, No. 6: Sauf-conduit accordé par Charles IX, roi de France. En latin.]

b) p.21, No.9: Lettre d'Anne de Boullan [Boleyn] à son père, Thomas Boleyn.

Edition: P.Sergeant, The Life of Anne Boleyn, London, 1924, 308.

Voir: R.Warnicke, The Rise and Fall of Anne Boleyn, Cambridge, 1989.

Transcription intégrale: Monseigneur, je antandue par vostre lettre que avés envy que toufs onnette fame quan je vindré a la courte et m'avertisses que le rene prendra la pein de devisser avecc moy, de quoy me regoÿ bine fort de pensser parler avecc ung perscone tante sage et onnete. Cela me ferra avoyr plus grante envy de continuer a parler beau franssois et aussy espagnole; mais pour sur que me l'avés tant recommandé et de ma main vous aversty que les garderé le meux que je pouré. Monseigneur, je vous supplye d'escusser sy ma lettre et male etsipte, car je vous asure qu'ele et ottografié de mon antendement. Sule là onc les auttres ne sont fourz que escript de ma main et Semmonet me dit la lettre, mes donrenna foy je le fré moy meme de peur que l'one ne saces sance que je vous mande; et vous pry que la loumire de vue net libertté de separé la voullantté que dites avés de me edere, car hile me samble qu'ettes oscure en lieu là ou vous povés, sy vous plet, me me vere de clarasion de vostre paroule; et de moy covés sertene que miara cu'offices de peres ne din gratitude que sut en passer ne et fasere moy aveccsion quecte de libere deviere autant sance que vous plera me commander et vous prommès que mon amour et vondue par ung sy grant fermetté qu'ele n'ara jamès de sane deminuer, et ferés fin a mon pourpen après m'ettre recommandé bine humblemente a vostre bone grace. Escript a Veure [Hever] de
　　　Vostre treshumble et tresobieff
　　　fille Anna de Boullan.

Commentaire: Cette lettre autographe, en un français approximatif, fut écrite probablement en 1514 avant le séjour d'Anne Boleyn à la cour de France. A l'époque, elle avait sept ans. Matthew Parker fut un de ses chapelains. La reine de France qu'elle souhaite rencontrer serait donc Mary Tudor, soeur de Henri VIII, femme de Louis XII, qui devait mourir l'année suivante.

[c) pp.367-368 (4 pages), No. 124: Préface, traduite en anglais, de la Scala Chronica de Thomas Gray [voir MS 133, et le résumé en anglais par John Leland].]

132

19. MS 132: 1525. Vélin. ff.1+172+2.

Procès verbal des transactions des commissaires de Marie d'Angleterre (Mary Tudor), reine douarière de France, duchesse de Suffolk, &c. pour le recouvrement de sa douaire.

Voir: J.Brewer, éd., <u>Letters and Papers, foreign and domestic of the Reign of Henry VIII</u>, Londres, 1870, Vol. IV, Pt.I.
T.Rymer, <u>Foedera, Litterae et Acta Publica ...</u>, 3e éd., t.VI, 2e partie, Londres, 1741 (réimpr. 1967).
<u>Catalogue des Actes de François Ier</u>, t.I, Paris, 1887.

Début: f.1r L'an cinq cens vingt cinq, le samedy quatorziesme jour d'october ...

Fin: f.172v ... Fait au deuxieme jour de fevrier l'an mil cinq cens et vingt cinq.

s. Jerdrier.

Commentaire: Titre écrit au crayon rouge par Matthew Parker: "De conjugio cum Carole Brandon". Il s'agit de Mary Tudor, soeur du roi anglais Henri VIII, veuve du roi français Louis XII, femme de Charles Brandon, duc de Suffolk, qu'elle avait épousé en 1515. Le 3 août 1525 Mary, comme son mari le duc de Suffolk, écrivit à Wolsey pour demander son aide, puisque ses officiers n'avaient pas réussi à recouvrer sa dot de la cour de France (<u>Letters & Papers</u>, 693). Le 10 septembre 1525 ils récrivèrent tous les deux à Wolsey: vu que lui et le roi leur avaient conseillé d'envoyer quelqu'un en France pour négocier, elle nomme le Dr. Denton, son chancelier, avec Frans. Hall (<u>Letters & Papers</u>, 736). Cependant un traité entre Louise, régente de France, et le roi d'Angleterre pour résoudre cette affaire avait été rédigé à Moore, le 30 août 1525. Ce traité fut ratifié par la régente à Lyon, le 25 septembre 1525, et encore une fois par François Ier à Bordeaux, le 15 avril 1526 (Rymer, op.cit., 29-30, 35-36, 59-60; <u>Actes François Ier</u>, I, 416-417, 438). Selon les provisions, Mary devait recevoir 40 jours après la ratification 5.000 couronnes d'or; le 1er novembre suivant 5.000 couronnes d'or; le 1er mai suivant 5.000 couronnes d'or, et ainsi de suite jusqu'à ce que la somme due fût intégralement versée.

- 54 -

133

20. MS 133: 14e s. Vélin. ff.3+234.

<u>Provenance</u>: f.1r on voit le cryptogramme de Philippa, fille du roi Henri IV. f.3v on lit le titre: <u>Cronica Regum Anglie in gallico et incipit in 2º fo. in processu libri terminer fors</u>. Ceci se retrouve une deuxième fois gribouillé plus bas sur la page, suivi de la mention ensuite effacée:
Si Dieu plet
A moy cest livre partient.
G. vft. Kyldare (G. vicomte Kyldare?).

a) ff.i v-iii r: <u>Algorismus</u>.

<u>Edition</u>: L.Karpinski & C.Staubach, "An Anglo-Norman Algorism of the XIVth Century", dans <u>Isis</u> No 65 (1935), 121-152.

<u>Voir</u>: Bossuat I 2852-2855; II 6560.

<u>Début</u>: f.i v, ll. 1-15:

>Cest art algorism hom apele,
>Un art d'aconter bon et bele
>En quel disz figures sont apprendre
>Et de quel fors i sont entendre.
>Entendés que de party dextre
>Count cest art vers la sinestre:
>Un la primer figure dirrois,
>Deuz la second; la tiers trois.
>Tanque a darraine vous venietz
>Qe un cifre appellerietz.
>Chescon de ceaux, si bien dirretz,
>Si en primer lue mettez
>Il signifiet tan solment
>Ffors que a tiel figure apent...

<u>Fin</u>: ff.ii v-iii r, ll.257-275:

>Si un sault soit surveignant,
>Mettez un cifre en lieu vacant,
>Quel serroi sa residence
>Venant le nombre quociens
>Ky le quociens perisschier ne doiet;
>Sanz ky le lue vacant soiet.
>Quant vous avoiez divisié bien,
>Si là remaint asoun rien,
>Le gardietz bien, ne oblietz pas,
>Il serveroi vous en altre cas.

>Si vous voiliez prover cest cye,
>Ke vous haietz bien departye,
>Le divisoure multplietz
>Per quociens, et suraddietz
>Ad le nombre multiplié
>Cest quel fuist devant gardié
>Et le nombre quel primer miestez
>Sus leveroi si bien le fiestez.

Expl. ars subtilis computandi que dicitur Algorismus.

b) f.iii r: rimes en français et en anglais sur la façon de mesurer les longueurs, le terrain, etc.

<u>Edition</u>: L.Karpinski & C.Staubach, op.cit.

<u>Transcription</u>: f.iii r

>3 graynes d'orge en mye l'espye
>Ffeonnt une ruche, la voirs vous dye.
>10 ruche de tiel factoure
>Ffeont un pee de leal mesure.
>5 pees un pas feonnt;
>125 pas un lue sont;
>Un lue d'Engleterre dublée
>Une lencke en France est appellé.
>Ky cest art volt bien garder,
>Il poet connter leggerment
>Quant graynes d'orge poent joesere
>Ent 20 lues ou en 100.
>
>Escotiez unkore, leal fitz, a moy:
>La mesure de terre vous plus dirroi.
>La perche contient de leal mesure
>18 pees sanz plusours.
>Une acre de terre contient atant
>De fyne a fyne perchez 40,
>Et de travers, si bien le serchietz,
>Contient l'acre fors 4 perchez.
>Si poet il bien estre provée
>Quantz de leures poent seer
>A mettre chescun en un pee
>Par mye un tiel acre de terre.
>
>Dieux soit ou vous quant vous alietz
>Et de vos malx vous doynge pardonne.
>Pensez de moy quant meux porretz
>Qe 78 havetz a nonne.
>
>Ffyve fete maken a pase;
>A hundreth twenty and fyve
>Pase a forlong mase.
>Aght forlong maken a myle,
>Two myle a lencke withouten gyle.

>   Adder, soutthrer et medier
>   A partye destre doit comencer.
>   Duplier, multiplier et divider
>   A sinestre tynent lour inister.

Une figure mis en le primer lieu signifie tant soulement soi meismes; el second lieu signifie disz foitz soi; el tiercz lieu centfoiz soi; en le quart lieu milfoitz soi; el quint lieu disfoitz milfoitz soi; el sisme lieu centfoitz milfoitz soi. El septisme lieu milfoitz milfoitz soi; en le octisme lieu disfoitz milfoitz milfoitz soi; en le noefisme lieu, centfoitz milfoitz milfoitz soi; el disme lieu, milfoitz milfoitz milfoitz soi. Et ensi acconterez come avant par disz, cent et mil et outre come votre sen vous pura servir.

   c) ff.1r-233v: Thomas Gray, Scala Chronica (1355).
   La f.49 originale manque.

Comparer: Jesus College, Cambridge, MS 58 [Q.G.10]: Brut.
   Londres, B.L., Harley 902: fragments + Petit Bruit.

Editions: J.Stevenson, Maitland Club, 1836 (à partir de la conquête normande).
   M.-L. Meneghetti, I Fatti de Bretagna: cronache genealogiche anglo-normanne dal XII al XIV secolo, Padova, 1979 (Extraits de la section arthurienne: 49-51, 67-71).

Traduction en anglais: H.Maxwell, Scalacronica, Glasgow, 1907 (à partir d'Edouard I).

Voir: Résumé en anglais par John Leland (bibliothécaire de Henri VIII): Joannis Lelandi Antiquarii de rebus britannicis collectanea, 6 vol., 2e éd., Londres, 1774, II, 509-579..
   D.Legge, Anglo-Norman Literature, 283-287.
   M.-L. Meneghetti, op.cit. [Voir le compte-rendu par J.-Cl. Thiolier, dans Cahiers de civilisation médiévale XXIX (1986), 168-170].
   J.Cl. Thiolier, dans Actes du Colloque 1993, Cambridge, 1993.
   D.Tyson, dans Actes du Colloque 1993, Cambridge, 1993.

Début: f.1r   Qe eit delite ou wet savoir coment le isle del grant Bretaigne, jadys Albeon tere de geauns, ore Engletere, fust primerment enhabité et de quel gent et de lour naissance, et la processe du ligne de rois qe y ount esté et lour conversacioun solunc ceo qe cely qe cest cronicle emparla, et la matier avoit trové en escript en divers livers en latin et en romaunce, puist il conoistre en party par cest estoir suaunt la processe de caux. Et sy ne voet pas au plain nomer soun noune, qe cest cronicle translata de ryme en prose; mais prisoner estoit pris de guer al hour q'il comensa cest tretite. Si estoit del ordre enluminé de bons morez as veves, as puceles et a saint eglise succours. Soun habite, sa droit vesture, estoit tiel de colour: ço est ly cape du cordeler, teynt en tout tiel maner. Autre cote avoit a foebler, l'estat de soun ordre a garder, qe de fieu resemble la colour, et desus en purtrature estoit li hardy best quarty ver du signe teynt de la mere; environ palice un mure, de meisme peynt la coloure. Soit .viii. joynt après .xix., si mettez .xii., après .xiiii, un, et .xviii., encountrez soun propre noun; ensauciez .vii. a .xvii. y mettez le <u>primer vowel</u> au tierce ajoignez: soun droit surnoun en troverez, solunc l'alphabet.* Le noun propre et surnoun portoit qe devaunt luy soun piere avoit. Qe plus de rement le voet savoir: tant qe de moy l'estut avoir, sortez jettez et divinez, sy imaginez que vous poez!

Et coment ly surveint corage de cest matir atreter? L'estoir devyse qe, com il fust prisoner en le capidoun Mount Agneth, jadys chastel de Pucelis, ore Edynburgh, surveist il livers de cronicles enrymaiez et en prose en latin, et fraunceis et en englès de gestez dez auncestres. De quoi il se mervailla, et durement ly poisoit qe il n'ust hu devaunt le hour meillour conisaunce du cours du siecle. Si deveint corious et pensive, com geris n'avoit en le hour autre chos a faire, a treter et a translater en plus court sentence lez cronicles del grant bretaigne et lez gestez dez englessez. Et com estoit du dit bosoigne plus pensive, ly estoit avys un nuyt en dormaunt qe Sebile sage ly surveint et ly dist q'el ly moustrer voi a ceo q'il estoit en pensé. Et luy fust avys q'el ly amena en un verger ou encountre un mure haut. Sur un peroun troverent un eschel de .v. bastouns adressez et sur le peroun desoutz l'eschel .ii. livers ou costé ...

[* 8+19+12+14+1+18 7+17+Y+A = HTMOAS GRYA = THOMAS GRAY]

<u>Fin</u>: 233v   ... Le dit roy trenuita de Edinburgh, ust a poy survencu le dit count de Douglas a Lanarc ou avoit la nuyt ju, mais eschapa a grant pain, ascuns des soens prises. Le seneschal d'Escoce se peisa ove soun seignour le roy, saunz su ou gré de ses alliez. Le count de Douglas aussy après ly, le count de la Marche fesoit auxi. Et cest riot pour le temps ensi enmesez, le dit David prist en espouse Margaret de Logy, un dame q'autre foitz avoit esté mariée, qe ove ly avoit devaunt demurrez. Cest matremoigne fust fait soulement par force d'amours qe toutz veint.

<u>Commentaire</u>: Oeuvre composée par Sir Thomas Gray en 1355-1356, lorsqu'il était prisonnier des Ecossais au château d'Edimbourg (Chastel de Pucelis). Certaines sections de la partie arthurienne sont étroitement liées à la tradition <u>Brut</u>, généalogies des rois d'Angleterre dérivées de Geoffrey de

Monmouth. Voir M.-L.Meneghetti, op.cit., et MSS 50, 53, 98, 469. L'ordre original des feuilles a été faussé dans une reliure antérieure à celle de 1952. La séquence actuelle est: 1-12; 25-48; 13-24; 49-234.

Le MS 119, pp. 367-8, contient une traduction en anglais du 16e s. de la Préface seulement de la Scala Cronica.

150

21. MS 150: 13e s. Vélin. ff.147+7. plusieurs vol. reliés ensemble.

Provenance: de l'abbaye de Swineshead

Contenu principal: W.Pore, Novale; Petrus Cantor, Verbum abbreviatum, etc.

f.122v: recettes vétérinaires et médicales du 14e siècle, dont cinq en français:

Voir: T.Hunt, Popular Medicine in thirteenth-century England, Cambridge, 1990.
T.Hunt, Plant Names of medieval England, Cambridge, 1989.
A.Goldberg & H.Saye, "An Index to medieval French medical Receipts", dans Bulletin of the History of Medicine 1 (1933), 435-466.
P.Cézard, La littérature des recettes du XIIe au XVIe siècle, Paris, Ecole Nationale des Chartes, Positions des Thèses, 1944.
Bossuat I 2992-3004.

Début: La reste bof garit les bos et les vaches de moreine et les pors et les autres bestes. Tranchez menu la reste bof of tut la racine, si la quisez bien en ewe, et puis troublez bien et buillez bien en cet ewe mimes que ait vecu del herbe. Cel jus lur donez a beiver...

[Voir MSS 297, 301, 335, 388, 405, 451, 511].

171a & 171b

22. MSS 171a et 171b: 15e s. Papier. 2 vol. I ff.1-150; II ff.151-369.

Provenance: de l'abbaye d'Inchcolm (Fife, Ecosse).

Contenu principal: Fordun, Scotichronicon.

Editions: T.Hearne, Johannis de Fordun Scotichronicon Genuinum, 5 vol., Oxford, 1722.
W.Goodall, Joannis de Fordun Scotichronicon cum Supplementis et Continuationae Walteri Boweri, Edinburgh, 1759.
D.Watt et al., 9 vol., Edinburgh, 1990-   .

Feuilles de garde, ff.368r-367v: Notes de Gilbert le Haye (vers 1450) sur l'itinéraire vers l'Orient; la main est difficile à déchiffrer et en plus il manque une partie de la marge droite:

Transcription: Iter ad eundem de Roma: De Rome en Grece premierement n... De Cicile, Puille prince de Tarente, Alba[nie] ... l Morec, Coulfoul, Candre, Neg... Cipre, Aseo, Metelynus, Ascaleun ...Scopello, Stratho. Teneclos, Troye la g[rant]...Marmeros, Araclea, Telleurea, Co... Necomedea, Montanus, Zea, Bursc, Ama... Abaghasya, Charcassya, Trappesand, Maurephalast, Necopolis, Eudernopolis, Salamis, Levandea, Castorea, Servia, Filepopo[lis], Salonequis, Serrez, Sophia, Vinemeter. Verne, Bellegrade en Hungaria, Valae en près la Tartire. Çaffa cité grande et ... et la frequentent les Genevoiz, et note que ... cité qui en près Constantinoble appelez emp... et anesy valen en Tartary a Pole et t... a Russy et ainsy a Targary et la ph... cité en Alcatea et illocques en Leny... cave de Cathay // et la grant ... de Cathay jusquez en T.. Ityz derumen (?) et illocquez ... Jerusalem a pre set p...

... cité de Grandade, Malaga a et ultre la mer. Counte Tangere, Tripollez de Barbarie, Effez, Marrok, ...udre en Surie Aberut, Tripollis en ...e Dameath, Halap, Damasci, Sardin... ayr / en Sardonade il en y a une belle image de Nostredame en une eglise de ...vekes en tribut que fait miraclez merveilleuses ...ayr la grande en Surie, a Nazarethe ...nes Jerusalem et de l'autre part Famys ...Jaff', Anemour, Candeloriz, Palatea ... Phaloges c'est la pryz (?) de Turkye.

(transcription par Catherine HALL).

175

23. MS 175: fin 13e s. Vélin. ff.2+167+2.

<u>Contenu principal</u>: Walter de Coventry, <u>Memoriale</u> (<u>Chronica Walteri Coventrensis</u>); <u>Prophetiae Sibille et Merlini...</u>, etc.

f.1r: En préface à l'<u>Historia Britonum per compendium</u>, deux paragraphes en français donnant les dimensions de l'Angleterre et de l'Irlande:

<u>Transcription</u>: <u>Anglia</u>: [L]a lungure de Engleterre cuntent .viii.c. lues, ceo est a saver de Escoce deskes a Toteneys en Cornwalle. E en leur .ccc. lues, ceo est a saver de Meneveye la vyle Seynt David deskes a Dovre. En virun si ad .iii.m. iii.c. e seysaunte tres lues.

<u>Hibernia</u>: La lungure de Hyrlande content .viii.c. lues, ceo est a saver de l'orient deskes al occident, e .ii.c. lues en leur, ceo est a saver de la north deskes al seu. [!]

181

24. MS 181: début 14e s. Vélin. ff.2+200.

<u>Provenance</u>: de l'abbaye de Sainte Marie (St.Mary) à York.

<u>Contenu principal</u>: Guillaume de Jumièges, <u>De castitate Rollonis</u>, etc.; <u>Vie d'Eginhard</u>; Jean de Plano Carpini, <u>Ystoria Mongalorum</u>; Guillaume de Rubruck, <u>Itinera</u>, etc.

[a] pp.236-260: <u>Abrégé des gestes des Rois de France</u> (en latin):

Antenor et alii profugi ab excidio Troie ...]

b) pp.261-264: <u>Ce est la pes et l'ordenance fete entre excellenz princes Loys roi de France et Henri roi d'Engleterre.</u> [Septembre 1259].

<u>Voir</u>: <u>Treaty Rolls preserved in the Public Record Office</u>, 2 vol., Londres, 1955-72 [I, éd. P.Chaplais: 1234-1325; II, éd. J.Ferguson: 1337-39].
T.Rymer, <u>Foedera, Litterae et Acta Publica ...</u>, 4 vol., Londres, 1816-69, I, 383, 389-390.
L.Delisle, <u>Mélanges de paléographie et de bibliographie</u>, Paris, 1880, 193 [Leyde, Bibl. de l'Université, MS 77].

<u>Début</u>: p.261   Henris, par la grace de Dieu roys de Engleterre, sire d'Illande et dux d'Aquitaine. Nos faison a savoir touz ceaus qui sunt et qui a venir sunt que nos par la volonté de Dieu, aveques le nostre chier cosin le noble roy de France, avons paes fete et affermée en cete maniere: c'est a savoir que il done a nous et a nos heirs et a nos successors tote la droiture que il avoit et tenoit en ces trois evechiez e ès citeiz. C'est a dire de Limoges, de Caors e de de Pyregrot en fiez e en demaines sauf l'omage de ces freires se il i a aucune chose dont il soient si home, et sauve les choses que il ne puent metre hors de sa main ...

<u>Fin</u>: p.264   ... Nos a ce obbligon nos e nous hers e avon fet jurer en nostre enune par nos parcuroors en nostre presence ceste pes si conme ele est desus devisée et escrite, a tenir en boen fé tant conme a nos apartendra. E que nos ne vendrons en contre ne par nos ne par autre. Et en tesmoignage de totes ces choses nos avons fet au roy de France ces letres pendans seelées de nostre seel. E ceste pes e totes ces choses qui sunt desus contenues par nostre conmandement espicial ont juré Edoars et Aymont nostre fiz en nostre presence a garder e a tenir fermement, et que il en contre ne vendront par eus ne par autre. Ce fut doné a Londres le vendredi prechein après la

feste saint Gile, l'an de l'incarnation notre seignor .m.cc. cinquante novisme el mois de septembre.

c) pp.276-277: Liste des rois de France; 4 lignes parmi le latin sont en français:

Clodoveus primus rex francorum ...

Voir, L. Delisle, op.cit., 193-4.

Transcription: ... Philipus filius .xlii. an ot le jor de la touz sainz que il fut rois en l'an de l'incarnation .m.cc.xxi.   .l.vi. ot. que il fut nez le jor de la saint Simphorian. En l'an de l'incarnation m.cc.xxi. Ludovicus filius Philipi regis ...

189

25. MS 189: 14e et 13e s. Vélin. ff.4+203+4.

<u>Provenance</u>: probablement de l'abbaye de Saint-Augustin, Canterbury.

<u>Contenu principal</u>: William Thorne, <u>Chronica</u>, etc.

ff.191r-191v: <u>Ffait assavoir de la ffraunchise l'ercevesque de Canterbirs q'il ad en Staplegate en l'avant dit cité</u>.

<u>Edition</u>: R.Twysden, <u>Historia Anglicanae Scriptores X</u>, Londres, 1672, col. 2204.

<u>Transcription intégrale</u>: Verité est en cronicles trové que le roi Ethelbert dona l'avant dit lieu de Staplegate a seint Austin qi fuist ercevesque de Canerbirs quant il vient en Engleterre pour precher le roi et le poeple, qi furent peynymes, en mesme le lieu q'est ore nomée Staplegate. Adonques fuist un lieu come oratorie pur moigne le roy desouz le paleys l'ercevesque de Canterbirs. Et puys trois aunz après dona il son paleys a seint Austin ove touz les apportenancez ou la esglise de la Trinité de Canterbirs est fundée. Et le paleys l'ercevesque a touz jours ad estée tenuz celle lieu de Staplegate fraunk dount nulle memorie ne court auxi avant come le paleys l'ercevesque, et sount tenantz l'ercevesque et son paleys per qei oy par bone eydance soi poet homme savoir par meintes chosez q'ount avenuez, kar uncore multz dez gentz sont en vie et l'ercevesque mesmes q'ore est que a ydon qes fuist escoler en le vile que le voillent bien tesmoigner que un William Frowe fuist enditée de homicide, s'enfuist en Staplegate et lientz se tient come en seinte esglise. Et hors de Staplegate forma la terre le roi et porta le crois a la meer. Et puis ses amiz purchacerent sa pees et revient en Engleterre et fuist menant en Maydestan graunt temps après. Et n'est mye uncore dousze aunz q'il morust. Et pur ceo les bonez gentz de Canterbirs dient que le lieu de Staplegate est en la citée de deinz les mures; et verité est que le lieu est en la citée et si ad il [alliours] lieux en la citée que ne sount mye tayllables en la citée et unqes ne furent. Et auxi les tenantz de Staplegate sount moul chargez de servir l'ercevesque de divercez services, kar qaunt le seneschal l'ercevesque les veudra somondre en le paleys l'arcevesque en enquestez ou pur autres chosez, il covient q'ils soient prest come tenantz de paleys. Et auxi qaunt le paleys est occupié de roi ou de reyne ou del ercevesque mesmes ou de autres grantz seignours que le seneschal de franchise ne purra mye tener sa court en le paleys, il viendra en Staplegate et tendra la court en qele meyson q'il voudra choiser que null tenantz nel purra

contredire et avera lieuz son hostel s'il voit. Et auxi si bref vient qu'en bref que se soit sour tenantz, l'ercevesque de Staplegate et le seneschal de fraunchise avera retourn de bref et ferra l'execution que le bref voit. Et auxi si laroun soit pris leyntz ove larcyne ou d'autre trepas per out il soit attachable, l'evant dit seneschal le prendra et le amenera en le paleys l'ercevesque primerement et puis illoesqes a Maydestan et là avera son jugement. Et n'est guerres passé que un laron vient en Staplegate et empla un hanap de mazer ove un pee d'argent et fuist pris a maynoure et mesmes en le paleys l'ercevesque et de illoesqes a Maydestan, et la fuist il penduz. Et auxi la justicerie soit en la ville de deliverance de gayole de counté s'il est home ou femme de tenantz l'ercevesque que le seneschal de la fraunchise voudra faire suette de prison, ils amenera a Staplegate s'il voit et les baudra as ascunz des tenantz a garder et ceo testmoignerst Edmond de Passele que bailla a Alisaundre del moynerie, Henri atte Gate et Robert son frere, et le fist lour gardeyn. Et auxi un Robert Courthose de Newendeun tenant l'ercevesque fuist attaché en la maison l'avantdit Alisaundre en temps de Trayllastoun par le viscounte et sire William de Melksop que fuist seneschal l'ercevesque de ces terrez, et Esmond de Passele le firent entendre as justiciez sire Roger Bakeroun et a sez compaignons, et comandé fuist a viscounte per les justiciez que mesmez celez gentz que attacherent l'avantdit Robert que il le alassent quere hors du chastell ou il pristrent, et si le firent ils, et là fuist arrestuez per Esmond de Passele ove les autrez et hors de Staplegate furent deliverez. Et auxi une gentyle femme qu'avoit a noun Anable, la veve William de Childecroft, fuist enditée de recett de Lukke atte Berne; ele fuist auxi en garde en Staplegate par seute de Esmond de Passele pur graunt maladie qu'ele avoit, de qele maladie ele morust. Et quant ele fuist mort, monstré fuist par sire William Melksop et par Esmond de Passele as justices et les justices comanderent a Henri de Woghope coroner foreyn q'il alast a Staplegate prendre le queste de foreyns, et si le fist il. Et qaunt l'ercevesque tient grauntz festez, les polentiers l'ercevesque averent lieuz pleytre ou bien lour soit. Et, Sire, ceo semble a tenauntz grauntz servicez et autre evidence ad il assez si mestier soit.

195

26. MS 195: 15e et 16e s. Papier. ff.1+247+1.

<u>Contenu principal</u>: Thomas Walsingham, <u>Chronicon S.Albani Prothomartiris</u>.

Feuilles de garde, 1v et 248r. début 13e s. Vélin. Fragments d'un commentaire en français sur les psaumes 16 et 17. Ces deux feuilles s'ensuivent dans le texte; étrangement, chacune est vide au revers, dans les deux cas collée à un papier probablement du 18e siècle. [voir MS 278].

<u>Début</u>: f.1v   il parole del gerredon de ces ennemis et ensi se qu'il avoit dit, car il avoit dit: O tu, Sire, surplante nos ennemis en tel maniere; ta destre les destruirai; desparte les en lor vie, ou en autre maniere. O tu, Sire, destrui les de la terre que il abitent, espaunde les par to le siecle en ceste vie, car il ne cuident autre vie estre. Et ce desperent de la pardurable vie, et il ne sofriront pas taunt solement ceste veable peine, car <u>de absconditis tuis ad impletus est venter eorum</u>. Ce est a dire lor ventre est plein de tes choses repostes, ce est de pechies .....
<u>Diligam te ......liberator meus</u>: ciuers viaut dire: o tu, Sire, je t'amerai; tu es force, tu es mon firmament, tu es mon defendement et tu es mon deliveres. Li titles de cist saumes en latin est a David por les paroles que il chaunta en ce saume a nostre Signor ...

<u>Fin</u>: f.248r ... <u>Et apparuerunt fontes aquarum et revelata sunt fundamenta orbis terrarum</u>: cist vers volt dire: la fontaine des aigues apparurent et les fundamens de la roondece des terres sunt demostrez. Or revient a la terre les fontaines des aigues, ce est la verité des preecheors qui sont conparés as aigues, car il arosent les uns de lor doctrine, ou en autre maniere. Les fontaines des aigues aparurent, des aigues saillauns en vie pardurable, les ques fontaines sont ès preecheors et les fundamens de la roondece des terres revelés. Ce est les prophetes sont arevelés et desmostrez; car il n'estoient pas   .

- 67 -

197a

27. MS 197a: 16e & 15e s. Papier. pp.2+243.

a) pp.1-34: <u>Processus contra Johannam dictam le Puzel</u> (<u>Processus Johannae la Pucell</u>). Documents en latin et en français, avec quelques traductions en anglais aux pages 27-34. Textes français pp.2-9.

<u>Extrait</u>: p.8 [1430] [Lettre du roi Henri VI]:

<u>Début</u>: Henry par la grace de dieu roy de France et d'Angleterre, a toutes quy ces presentes lettres verront, salut. Il est assès notoire et commun comment depuis alcune temps en ça un femme quy se fait appeller Jehanne la Pucelle, laissant l'abbit et vesture de sex femenine, s'est, contre la loy dyvine comme chose abhominable a dieu, reprouvet et defendue de tout loy, vestue, habillée et armée, [en] estate et habit d'homme; a fait et excercé cruel faict d'homicydes, et, comme l'en dist, a donné a entendre au simple peuple pour le seduyre et abuser - [une ligne omise par le copiste ici] - plusiours altres dogmatizations tresperilouse, et a nostre sainct foy catholique moult prejudiciables, et scandaleuse. En poursuyvant par elle lesquelles abusions et exerçant hostilitie a l'encontre de nous et nostre peuple, a esté prinse armée devant Compiegne par alcuns de nous loyaulx subjets, et depuis amenée prisoniere pardever nous ...

<u>Fin</u>: p.9 ... En tesmoing de ce, nous avons faict mectre nostre seel ordonnere, en l'absence du grant, a ces presentes. Donnés a Rouen le tierce jour de Janvier, l'an de grace .cccc.xxx., et de nostre reigne le .ix.ᵉ. <u>Sic signata</u>: Par le roy a la relacion de son grant conseill. J. de Rinel.

[La traduction anglaise de ce passage se lit à la p.33].

[b) pp.39-78: <u>Processus pro Joanna galla dictam le Puzel</u>. En latin. Documents du procès de réhabilitation de Jeanne d'Arc [1437], signé Robertus Cybole [Robert Cyboule]: p.78: <u>Exscriptum de originali ipsius authoris qui singulas paginas totius libri manu sua et nomine sic subscripserat.</u>
R.C.   R.C.   ].

<u>Editions</u>: J.Buchon, <u>Procès de la condamnation et de la réhabilitation de Jeanne d'Arc</u>, Collection des chroniques nationales françaises, Paris, 1827.
J.Quicherat, <u>Le procès de condamnation et de réhabilitation de Jeanne d'Arc</u>, 5 vol., Société de l'Histoire de France, Paris, 1841-49.

P. Champion, <u>Procès de condamnation de Jeanne d'Arc</u>, 2 vol., Paris, 1920, I, 13-15..
P.Doncoeur, <u>La Minute française des interrogatoires de Jeanne la Pucelle, d'après le requisitoire de Jean d'Estive et les manuscrits de d'Urfé et d'Orléans</u>, Melun, 1952.
P.Tisset, éd., <u>Procès de condamnation de Jeanne d'Arc</u>, 3 vol., 1989.
P.Duparc, éd., <u>Procès en nullité de la condamnation de Jeanne d'Arc</u>, 5 vol., Paris (Société de l'Histoire de France), 1977-1989.

<u>Voir</u>: W.Scott, <u>The Trial of Joan of Arc</u>, London, 1956.
P.Duparc, <u>op.cit.</u>, I, xix.

c) p.109: Traité fait avec l'Ecosse à Norham en 1291. Main du 15e siècle.

<u>Editions</u>: T.Rymer, <u>Foedera, Conventiones, Litterae et cujuscunque generis Acta Publica inter reges Angliae et Alios ...</u>, 3 vol., Londres, 1816-30, I, 755.
W.Rishanger, <u>Chronica et Annales</u>, ed. H.Riley, London, 1865, 125-6 (autre version, en latin), 234-5 (autre version, en français).

<u>Voir</u>: M.Powicke, <u>The thirteenth Century (1216-1307)</u>, Oxford, 1953, 603-4.
W.Rishanger, <u>op.cit</u>, 123-4, 233-253.

<u>Début</u>: Edwardus dei gratia rex Anglie ... A touz ceux qui ceste lettre verrount ou orrount, Fflorens counte de Hoylland ... salutz en dieu. Come entendouns aver droit en le reaume d'Escoce, e cel droit monstrer, chalanger e averer devant cely ke plus de pover juresdictiounz e resoun eust de trier nostre droit e le noble prince sire Edward par la grace de dieu roi d'Engleterre, nous est enfourmez par bones e suffisantz reisouns que a ly appent en aver deyt la sovereigne seignourie du dit reaume d'Escoce ...
A toutz ceux qy ceste lettre verrount ou ourrount, Fflorens counte de Hoyllaund, Robert de Bruys seignour de Vual d'Anaud, Johan de Baillol seignour de Galeweye, Johan de Hastynges seignour de Bergeveny, Johan Comyn seignour de Baldenough, Pateryk de Dombar counte de la Marche, Johan de Vescy pur son piere, Nichol de Soules, William de Roos, salutz en dieu. Come nous eions ottroié et granté de nostre bone volunté et comme assent sanz nul destrece a noble prince sire Edward par la grace dieu roi d'Engleterre, qu'il come sovereyn seignour de la terre d'Escoce puisse oier, trier e terminer, nos chalanges e nos demandes que nous entendons [monstrer] e averrer par nostre droit en reaume d'Escoce; e droit resceivre devant li, com soverein seigneur ...

- 69 -

Fin: ... E qe les issues de mesme la terre, en l'escien temps receus, soient sauvement mys en depos, e bien gardés, par la main de le chamberleyn d'Escoce, qe ore est, e de celi qi serra assigné a luy, de par le rey d'Engleterre, e desouz lour seaulx; salve resonable sustenance de la terre, e des chasteux, e de ministres du reaume.

En tesmoigne de ceste chose avantdit, nous avons mis noz sealx en cest escript.

Fet et doné a Norham, le mardy après l'Assencion, l'an de grace mille .cc. nonante primereyn.

d) p.110: <u>Comptes</u>, en français: foin, charbon etc.

e) Actes de Parlement et affaires d'état pendant la minorité du roi Henri VI:

 i) pp.219-220 Lettre de Henri VI au Trésorier [1428].

 ii) pp.224-226 Deux lettres de Henri VI au Chancelier [1428].

Extrait: p.224   Henry etc. au chancellier, saluz. Pour ce que nostre joefusse [?] il est expedient et convenable que nous soions endoctriné et apris dez bons menes lettezure, langage, norture et cortesye et aultres vertuez et ensigmentz au person roial convenantz au fin que par ce puissons le meulx nous avoir et gouverner en conservacion de nostre honnour et estate quant nous vendrons moienant la grace de dieu a grenioure age ...

208

28. MS 208: 16e s. Papier. ff.166. Plusieurs mains.

<u>Provenance</u>: Au début du MS, on lit: "Anno domini 1588 Sept.18 Henricus Aldrich dedit Collegio Corporis Christi in Cantabrigia in minore bibliotheca servandum."
A la fin du MS figure une inscription: "Ex dono A.R.Cevalerii linguae Hebraicae professoris 1572" (Professor Chevalier).

ff.1r-166v: <u>Commentaire sur l'épitre aux Romains</u>.

<u>Début</u>: f.1r   Sainct Paul encores vivant en ce monde disoit au second chap. des Gal. que ce n'estoit point luy qui vivoit mais que c'estoit Crist qui vivoit en luy, et aux Corin. il disoit que Crist parloit en luy; puys donc que Crist vivoit et parloit en Sainct Paul il faut dire que les oeuvres et les parolles d'icelluy estoient les propres oeuvres et les propres parolles de Crist, lequel par son sainct esprit ouvroit et parloit en son apostre ...

<u>Fin</u>: f.166v   Prions Dieu qu'il luy plaise que tous estres, c'est a dire toute chose ayant vie, le congnoisse et donne gloire a luy seul, car il est la vie de tous signamenz eternelle a ceulx qui croient en luy. Par Jhesu Christ nostre seigneur, Amen.

213

29. MS 213: début 15e s. Vélin. ff.1+160+1. Belles enluminures.

Provenance: Ecriture française. Exemplaire présenté au roi Henri V d'Angleterre. Sur la feuille de garde figure une inscription à moitié effacée: "Ce livre fu au roy Henry le Quint. Deu par sa grace ait mercy de son ame. Amen".

f.159r se trouve, en une main du 16e siècle, la mention suivante:

This wasse sumtyme King Henri ye fifeth his Booke; Which containeth the lyfe of Christe & the psalmes of the patriarkes & prophetes; the psalmes of ye prophet David omittid;

S'ensuit, en une autre main de la même époque:

Mani excilent notes, though somethinges waienge the tyme, maye be amendid; Rede, Judge & thanke God for a better light.

Sur cette page, entièrement effacée mais lisible à la lumière ultra-violette, on distingue la mention: "Ce livre fut a la comtesse de Stafford."

ff.1r-159v: Saint Bonaventure, Méditations de la Vie Notre Seigneur (Le livre doré des meditations de la vie nostre Seigneur Jesu Crist selon Bonneaventure, traduit en français par Jean de Galopes).

Edition: M.Meiss et E.Beatson, La Vie de Nostre Benoit Sauveur Jhesucrist, New York, 1977.

Voir: M.Tyson, An Account of an illuminated Manuscript in the Library of Corpus Christi College, Cambridge, Cambridge, 1770.
C.Fisher, "Die Meditationes Vitae Christi; ihre handschriftliche Überlieferung und die Verfasserfrage: 3. Französische Übersetzungen", dans Arch. Francisc. Hist. 25 (1932), 195-208.
A.Vernon, "Les traductions latines d'oeuvres en langues vernaculaires au Moyen Age", dans Traduction et traducteurs au Moyen Age, Paris, 1989, 235.

Début: f.1r: Et premierement le prologue du translateur:
Au treshault, tresfort et tresvictorieux Prince Henry Quint de ce nom par la grace de Dieu Roy d'Angletere, heritier et Regent de France et Duc d'Irlande, votre humble

chapelain Jehan Galopes dit le Galoys, doyen de l'eglise collegial Mons. Saint Louys de la Saulsoye ou diocese d'Evreux en votre duchie de Normandie et en la terre de la conté de Harecourt appertenant a tres excellent et puissant Prince et mon chier Seigneur, Monseigneur le Duc d'Excestre vostre beaux oncles: [f.1v] Honneur, obedience et subtjecion. Et, tresredoubté et souverain seigneur, selon ce que dit l'escripture Proverbior. xxve: Gloria Regum investigare sermonem. La gloire des roys qui sagement veulent eulx et leurs subgez gouverner est de encercher et querir le sens et la parole divine; le quel sceu, ils sont a honnourer comme il soit ainsy qque honneur est deue a vertu non mie tant seulement morale mais a celle qui est intellectuelle ...

(suivi par une version anglaise du prologue sur deux feuilles de papier du 16e siècle, insérés après f.2: "Here begyneth the golden Booke ...").

f.3r: Ci commence le prologue de l'acteur du livre doré de la vie nostre seigneur Jhesucrist selon Bonneaventure.
Entre les aultres annonciacions des vertus et loenges de la tressainte vierge et martire ma dame sainte Cecille, il est leu et trouvé que elle portoit tousdis l'evangile de son seigneur Jhesucrist ens sa poitrine ...

f.6r: Le premier chapitre de la curieuse intercession des angels a dieu pour nous:
[f.6v] Apres ce que par tres long temps, c'est assavoir oultre l'espace de cinq mil ans, l'umain lignage s'estoit geu et couché comme agravanté et que aucun pour le pechié du premier homme ne povoit monter au pays celestiel, les tresbenois esperis angels de dieu ayans pitié et compassion de si grant ruine, comme curieux et songneux de leur restauracion, conbien que en grant pluralité ilz feussent et grant nombre au commencement que la plenitude du temps fut avenue ...

Fin: f.156r ... Retrayon nous donques fort de cueur, perseverant de ces caduques choses meschantes et briefves et des consolacionnettes de ces choses visibles lesquelles navrent et occient nos ames. Alon et monton par pensée aveuques dieu, ou mieux di je, alons a luy et aveuques luy ès cieulx, soit nostre conversacion, afin que en faisant ainsy nous ne soyon mie du tout pelerins et estranges et que en temps de visitacion celui de qui nous parlons nous daigne a luy prendre, c'est assavoir nostre seigneur Jhesucrist qui est sur toutes choses dieu beney et laudable ou siecle des siecles a perpetuité. Amen.

[Suit la table, ff.156v-159r].

Commentaire: On remarque une identité frappante de style entre la miniature, f.1r, montrant la présentation du MS à Henri V par Jean Galopes, et celle au début du MS Cambridge, Fitzwilliam Museum, 251, où l'on voit Jean Corbechon qui présente sa traduction de l'encyclopédie De proprietatibus rerum de Barthélemy l'Anglais au roi français, Charles V. Les deux MSS doivent sortir du même atelier parisien.

Parmi quelques gribouillages à la fin du MS, f.161r, on remarque la devise royale "Honny soit qi mal y pense" inscrite sur une jarretière, puis les plumes du Prince de Galles (?) avec à côté la légende: loés soyt Deus.

217

30. MS 217: 13e s. Vélin. ff. 364. Plusieurs mains.

Provenance: du monastère de Worcester.

Contenu principal: Petrus Cantor, Tractatus; Exposition in psalmos; W. de Montibus, Speculum penitentis etc.

ff.318r-362v: Alexander Nequam, Corrogationes Promethei.

Ce texte est divisé en deux parties: I Traité sur la grammaire latine; II Commentaire sur la Bible. Dans ce Commentaire Nequam se sert de mots français pour expliquer des termes latins difficiles.

Voir: P.Meyer, "Notice sur les Corrogationes Promethei d'Alexandre Neckam", dans Notices et Extraits" 35 (1897), 641-682.
        M.Esposito, "On some unpublished Poems attribués to Alexander Nequam", dans English Historical Review 30 (1915), 457-459.
        R.Hunt, The Schools and the Cloister. The Life and Writings of Alexander Nequam (1157-1217), éd. et rév. M.Gibson, Oxford, 1984.
        T.Hunt, Teaching and learning Latin in thirteenth-century England, 3 vol., Cambridge, 1991, I, 240-246.

GENESE: clibanus: muillon
            pulmentum: conpanage
            consternatus: espunté
            crocus: safronde
            secundare: envier
            secundas: envualiz
            lacinia: pan de mauntel ...

[voir MSS 23, 460].

218

31. MS 218: 1354. Vélin, dans sa reliure d'origine en peau de mouton. ff.2+69+1.

ff.1r-68r: Henry de Lancastre, <u>Livre des Seintes Medecines</u>.

<u>Provenance</u>: f.69r en bas de la page: Mayster Fletewood.

<u>Autre MS</u>: Bibliothèque de Stonyhurst College, Lancashire.

<u>Edition</u>: E.Arnould, <u>Le Livre de Seyntz Medecines</u>, Anglo-Norman Text Society, Oxford, 1940.

<u>Voir</u>: E.Arnould, "Henry of Lancaster and his <u>Livres des seintes medecines</u>", dans <u>Bulletin of the John Rylands Library</u> 21 No.2 (Oct. 1937), 352-386.
    E.Arnould, <u>Etude sur le "Livre des Saintes Médecines" du duc Henri de Lancastre</u>, Paris, 1948.
    Sir J.Ramsey, <u>Genesis of Lancaster ... 1307-1377</u>, Oxford, 1913.
    R.Ackerman, "The traditional Background of Henry of Lancaster's <u>Livre</u>", dans <u>L'Esprit créateur</u> 2 (1962), 114-118.
    B.Dickins, <u>Henry, First Duke of Lancaster c.1310-1361</u>, Cambridge (Corpus Christi College), 1965.
    M.-C. Pouchelle, <u>Corps et chirurgie à l'apogée du Moyen Age</u>, Paris, 1983. [v.a., <u>The Body and Surgery in the Middle Ages</u>, Cambridge, 1990.]
    D.Legge, <u>Anglo-Norman Literature</u>, 216-220.
    Bossuat I 4983-4984; II 6946.

<u>Début</u>: f.1r   Tresdouz Sire Jesus Crist, ceo qe jeo par l'aide de vous pense cy enaprès a escrire, jeo vous prie et requere, Sire, humblement q'il vous plaise a moy doner grace de ensi ceste euevre comencer e acompler, qe ceo soit a la plaisaunce de vous et al honour de vostre tres douce mere et al loange de touz les seins et seintes de paradis. Amen. Biau sire diex, de trois choses vous sui jeo principaumment tenuz a dire. Sire, merci et grant mercie. La premiere raison si est de dire grant merci ...

<u>Fin</u>: f.67v   Et contre mes maus, qe jeo puise avoir un pois qe puisse peiser ove moy en la balance contre mes pechés: et ceo soit les peignes, tourmens et penitences, de nostre douce Dame et des [f.68r] seins apostles, martires et confessours, virges et veves. Ensi soit il. Amen! par seinte charité. Amen! Amen!

<u>Commentaire</u>: Henri, duc de Lancastre (vers 1310-1361) est considéré comme le "Fondateur" du Collège Corpus Christi, puisque ce fut par son intercession qu'en 1352 fut obtenue l'autorisation nécessaire pour l'établissement par les deux confréries de la Vierge Sainte Marie et de Corpus Christi, d'une Maison destinée surtout à la formation de prêtres et de chapelains. Le <u>Livre des Seintes Medecines</u> est une oeuvre pieuse d'expression française éloquente; on pourrait la comparer peut-être avec le <u>Livre des Oraisons</u> de Gaston Fébus, comte de Foix et vicomte de Béarn.

En post-scriptum, Henri signe à rebours son oeuvre, façon d'exprimer l'humilité du pécheur qu'il se déclare:

Cest livre estoit comencé et parfait en l'an de grace mill.ccc.liiij. et le fist un fol chetif pechour qi l'en appelle ERTSACNAL ED CUD IRNEH, a qi Diex ses meffaiz pardoint. Amen, Amen, Amen.

230

32. MS 230: 12e s. Vélin. ff.83.

<u>Provenance</u>: Don de Daniel Rogers.

<u>Contenu principal</u>: <u>Statii Thebais</u>.

f.83v, dans une main du 13e s., gribouillé:

A soun trecher amy Johan de Powey le sun

258

33. MS 258: début 14e s. Vélin. ff.1+52+131. 2 vol. reliés ensemble.

   <u>Provenance</u>: Abbaye de St.Mary Miraval.

   Le MS 70 (<u>Leges Anglorum</u>, 14e s.) a également appartenu à Andrew Horn. On lit dans les deux MSS la même mention: "Horn mihi cognomen Andreas est mihi nomen."

   a) ff. 1r-51r: I Andrew Horn, <u>Le mireour des justices</u> [<u>Speculum Justiciariorum</u>]

   <u>Edition</u>: W.Whittaker, <u>Mirror of Justices</u>, Selden Society, 1895.

   <u>Début</u>:   Hanc legum summam si quis vult jura tueri
            Perlegat et sapiens si vult orator haberi.
            Hoc apprenticiis ad barros ebore munus
            Gratum juridicis utile mittit opus.
            Horn mihi cognomen Andreas est mihi nomen.

   Cum jeo m'aperceyvoie de [ceo] qe la lei deveroyent governer par rieules de droit, aver regard a lur demeine terriens proffiz, e as princes, seignurages e amis plere, e a seignuries e avoir amassier, e nient assentir qe les dreiz usages fusent unqes mis en escrist, par unt poer ne lur fuse toleit, des uns par colour de jugement prendre, les autres exiler, ou enprisoner, ou desheriter, saunz peine emporter, coveranz lur pechié par les excepcions de errour e de ignorance, e nient ou poi pernaunte regard as almes de peccheours sauver de dampnacioun par leaux jugementz, solom ceo qe lur office demaunde, e eient usez en cea a juger la gent de lur testes par abusions e examples d'autres erpanz en la lei plus qe par droites riules de seint escripture, enarrerissement grantement de nostre aprise, qi edefiez saunz foundement e apernez a juger eins [ceo] qe vous vous conoissez en jurideccion q'est pie de vostre aprise, e en la lei de terre einz ceo qe en lei de persones, auxi com est de ceux qe apernent arz avant les parz, je persecutor de faus juges e par lur execusion fausement enprisoné, les privileges le roi e les vieuz roulles de sa tresorie, dount amis me solacerent en mon sorour, cerchai, e le foundement e la nessaunce des usages d'Engleterre donez por lei oveqe les gueredouns de bons jugez e la peyne des autres i trovai, e a plus bref qe jeo savoie la nécessité mis en remenbraunce, a quoi compaignons m'eiderent d'estudier el viel testament, el novel, el canon e en lei escrist...

Fin: Le novel estatut de dettes est contraire a droit, sicom piert el chapitre des contractz; car chesun enprisonment de cors de homme est pecché si non pur torcenous jugement. E dreit ne soeffre nul obligacion ne nul contract vicious par mesllure de pecchié. E pur ceo fet anienter quanqe sur pecchié est fundi, car a cel contract qe nul ne face pecchié de li memes ou a son proeine ne deit nul prodhome ne nul dreit assentir. D'autrepart si est il contraire a la grande charte qe dist qe nul ne soit pris n'enprisoné si non par loial jugement de ses piers ou par lei de terre. E coment est tenable peine d'enprisonement quant ele ne se tient en argent?

Ici finist le mireour des Justices des droites leis de persones solom les aunciens usages d'Engleterre.

b) ff.53r-183r: II Johannes Breton [Britton], *Liber* (trois livres sur la justice en Angleterre et en Irlande, composés 1290-1292).

Edition: F.Nichols, 2 vol., Oxford, 1865.

Voir: T.Plucknett, *A Concise History of the Common Law*, 5e éd., Londres, 1956, 265-267.
F.Pollock et F.Maitland, *The History of English Law before the Time of Edward I*, 2e éd., Cambridge, 1968, 210.

Début: f.53r Edward, par la grace de dieu Roi d'Engleterre et sire d'Irlande, a touz ses feals et leals d'Engleterre et d'Irlande, pees et grace de salvacioun. Desirauns pees entre le poeple q'est en nostre proteccioun par la suffrance de dieu, la quele pees ne puet mie estre sanz lei, avons les leies que l'en ad usée en nostre roialme avant ces hures fet mettre en escrit solonc ceo que cy est ordiné. Et voloms et commandoms que par tut Engleterre et Irlande soient issi useez et tenuz en touz pointz, salve a nous de repeller et a noyter et d'amenuser et d'amender a touz les foiz que nous verroms que bien serra, par l'assent de nos contes et nos barons et altres de nostre conseil, salve les usages a ceaux que par prescripcioun de temps ont altrement usée en tant que lour usages ne soient mie desacordanz a droiture ...

Fin: f.182r ... Et auxi en touz cas ou nul se proffre attourné en plee del *Pone*, ou il fut attourné avant le *Pone* purchacé.. Et si akun attourné moerge pendant le plee, adonque fet a destincter, si cil a qui l'attourné fut soit passé la mer ou noun. Car s'il ne perit point en Engleterre ou en Irland, si le plee y soit, adonque est la parole suspendable sanz jour jusques al retourn de celui.

Expl. liber qui dicitur *Breton* (effacé).

[Suit la table, ff.182r-183r]

Commentaire: De toute évidence le copiste a d'abord confondu le nom de l'auteur avec le titre de l'oeuvre. Breton n'a rien à voir avec Brut; il s'agit en fait du traité juridique de Britton.

278

34. MS 278: début 14e s. Vélin. ff.2+147+2.

<u>Provenance</u>: Probablement du prieuré de Norwich.

ff.1-147r: <u>Psautier</u> en anglais (en vers) et en français (en prose) [français à partir de f.91r]. Les <u>incipits</u> des vers en latin sont placés dans les marges.

<u>Editions</u>: Comparer: F.Michel, <u>Libri Psalmorum antiqua gallica ...</u>, Oxford, 1860 [MS Oxford, Bibl. Bodléienne, Douce 230].
F.Michel, <u>Le Livre des Psaumes ...</u>, Paris, 1876 [MS Cambridge, Trinity College, R 17.1].

<u>Voir</u>: C.Samaran, "Fragment d'une traduction en prose du psautier", dans <u>Romania</u> 55 (1929), 161-173.
S.Berger, <u>La Bible française au moyen âge</u>, Paris, 1884.
J.Bonnard, <u>Les traductions de la Bible en vers français au moyen âge</u>, Paris, 1884.

ff.91r-147r: <u>Psautier français</u>.

<u>Début</u>: f.91r   [Psaume I]   <u>Beatus vir qui non abiit in consilio</u>. Bonurés li ber ki n'en ala el conseil des feluns: e en la veie des pecheurs ne stut e en la chaere de pestilence ne sist.
Mais en la lei de nostre seignur la volunté de lui en la sue lei pourpenserat par nuit e par jour.
Iert ensement cume le fust ki [planté est] de juste les decurs des ewes, ki durrat sun fruit en sun tens.
E la fuille ne decurrat, e tutes les choses que il unkes frat serrunt faites prosperes.
Nient issi le felun, nient issi, mais ensement cume la pudre ke li venz jetet de la face de la tere.
Empuriceo ne resurdent li felun en juise ne lui pecheur el cunseil des dreitureres.
Kar nostre sire cumust la veie de justes e le eire des feluns perirat ...

<u>Fin</u>: f.147r   [Psaume 150]   ... Loez le seignur en ses sainz; loez li el firmament de la vertu de lui.
Loez lui en ses vertuz; loez lui sulunc la multitudine de sa grandesce.
Loez lui en sun de buisine; loez lui en salterie e harpe.
Loez lui en tympane e chore; loez li en cordes e organe.
Loez lui en cymbales bien sunanz; loez lui en cymbales de leesce; chascuns esspiriz, loez le seignur.

297

35. MS 297: fin 13e/début 14e s. Vélin. ff.1+22+183. Plusieurs mains.

<u>Provenance</u>: de l'abbaye de Thorney. Copié par le maître de chapelle Johannes Brito: f.51r en bas on lit: "Istum librum scriptsit frater Johannes Brito", et f.127r: "Omnibus Chr. fidelibus, etc. fr. J.Brito precentor Thorn'."

<u>Contenu principal</u>: Statuts divers; documents de Thorney.

a) 161r-161v: Recettes en un mélange de latin et de français pour la fabrication de couleurs.

<u>Début</u>: f.161r Pernez le vermilliun si.l mulez sur la pere ben pourmis sec. <u>Postea cum aqua et postea</u> si.l metez en <u>vestro cornu aut in alio</u> vase; laseez la pudre enfundrer. Puis si purez hors le ewe, si.l <u>distempera cum</u> gleire. Pernez le azur et <u>mole super petram</u> un poi, meis qu'il seit gruisse et <u>cum aqua</u> un petit. Puis si.l metez <u>in vas vestrum</u>, si lassez la pudre descendre <u>usque ad fundum vasis; et tunc eice aquamm et distemperam cum</u> gleire u od gume rabice aparillé, si prenez la <u>gummam arabicam et pone</u> en un drapel linge <u>et pone</u> le drapel en ewe .i. deve <u>et de illa aqua distempera</u> vostre azur et si le azur seit trop neir ...

b) f.191v-192r et f.195r-195v: Gloses en français de quelques termes de droit anglo-saxon:

<u>Début</u>: f.191v

Soke. Bote de nos hummes en nostre curt.
Sake. Custume e plez de nos hummis.
Tol. Custume en marche de nos hummis.
Thein. La generaciun de nos vileyns.
Infongen. Larun pris en nostre tere u en nostre fie.
Utfongen. Larun de nostre tere u de nostre fie pris hors de nostre tere u de nostre fie.
Were Wlf. Larun qui fut atteint <u>were</u> angl. ...
Hamsokne. Quite de merci de entrer en autri hostel saunz cungé e le plai que a ce apent ...

[interrompu, puis continué par une autre main, ff.195r-195v. Plusieurs termes sont repris de la première liste].

[Voir MS 301, <u>Interpretacio verborum</u>].

c) ff.203r-204v: Traité de médecine et chirurgie des chevaux.

Début: f.203r Ces sunt les mediciniz e la cirurgerie a chivaus. A chival qui morue, pernez alceysil [?] e sursamin si le metez en le orile. Pur meme la maladie pernez la tesite d'un freyn, si l'envolupés en l'avant dite confection, si la metez eynes a se nariz tanunt avaunt ke asez. Pur le vivis ke l'en apele mulez, pernez andre e mentastre e sauge e un poyne de sel, si lancez par force en la boche, si le detemprez ove ewe e metez en sa provandre ...

Fin: f.204v ... Chival qui raye: pernez braun si le fetes sechir ben en une paele; si lui donez net sec, si est gariz.

Voir: T.Hunt, Popular Medicine in thirteenth-century England, Cambridge, 1990.
A.Goldberg & H.Saye, "An Index to medieval French Receipts", dans Bulletin of the History of Medicine I (1933), 435-466.
Bossuat I 2992-3004.

[Voir MS 301, De equis medicandis; aussi MSS 150, 388, 405, 335, 388, 405, 451, 511].

298

36. MS 298. 16e et début 15e s. Papier et vélin. ff.56+71+21+26+79. Plusieurs vol. reliés ensemble.

Provenance: en partie probablement de Christ Church, Canterbury.

Contenu principal: Thomas Cranmer, Vie de Beckett, traduit en vers anglais par Laurence Wade; divers documents de Cantorbery.

IV p.27 : Ceo est la lettre le bon roy Edwarde enroulé en la chauncellerie, mandé au pape qui adonques estoit, contenant le droit que nostre seigneur le roy d'Engleterre ad au roialme d'Escoce.
[Voir MSS 110 et 292].

301

37. MS 301. vers 1300. Vélin. ff.1+108+1. [+ 4ff. papier, 16e s., ff.68a-d, + fragment vélin, 14e s., f.90a].

Provenance: de l'abbaye de Saint-Augustin, Canterbury.

Contenu principal: Annales S.Augustini Cantuar.; divers documents de Canterbury.

a) f.68v: A la fin de la Chronique de Saint-Augustin (en latin), par suite à la lettre d'Edward II au pape Clément V sur l'élection d'un abbé à Saint-Augustin, on trouve une lettre des comtes et des barons à ce même sujet et en français. Cette lettre se termine imparfaitement, mais la partie manquante est ajoutée dans une main du 16e s., sur les deux dernières des quatre petites feuilles de papier insérées à cet endroit.

Voir: T.Hardy, Descriptive Catalogue of Materials relating to the History of Great Britain and Ireland, 3 vol., Londres, 1862-1871, III, 361-362.

Début: f.68v Treseint piere, pur ceo qe nous desiroums mult come nous devons qe le maysons de religion d'Engleterre fundés et dowés par les roys et les nobles de la terre qu'a dieu servir soient meyntenuz en lour dreitures et preservez des oppressiounz et des injures et que les droytez de patronaje qe le roy et les seignours de la terre ont enycellez soient sauvez ...

Fin: f.68d ... Tresainte pere, dieu le tout puissant vous doint bonne vie et longe et bien gouverner saincte eglise et le peuple de dieu.

b) ff.69r-75r: (i) Walter de Henley, Hosebondrie (ff.69r-72v), suivi de (ii) la Hosbondrie anonyme (abrégée et incomplète) (ff.72r-75r).

Editions: E.Lamond, Walter of Henley's Husbandry, together with anonymous Husbandry, Seneschaucie and Robert Grosseteste's Rules, Londres, 1890.
D.Oschinsky, Walter of Henley and other Treatises on Estate Management and Accounting, Oxford, 1971.

Voir: W. Cunningham, "Walter of Henley", dans *Transactions of the Royal Historical Society* 9 (1895), 215-221.
F.Möhren, *Wort- und sachgeschichtliche Untersuchungen an französischen landwirtschaftlichen Texten*, Tübingen, 1986.
J.Beauroy, "Sur la culture seigneuriale en Angleterre au XIVe siècle: un poème anglo-normand inédit dans le cartulaire des Barons de Mohun (Somerset)", dans *Mélanges Duby*, Paris, 1993.
J.Beauroy, dans *Actes du Colloque 1993*, Cambridge, 1993.

(i) Début: f.69r   *De Gaynagio terrarum*.
Le pere dist a sun fiz: "Beau fiz, vivet sagement solum dieu et le secle. Pensez sovent de sa passion, e ses comandemenz gardez. Kant enver le secle, pensez de la roe de fortune, comment l'en mounte petyt et petyt en richesse e kant l'en est al sommet, coment l'en cheit par meschance en povreté e puis en meseyse. Dunt je vous pri, solum ce qe vos terres valunt par an par estente, ordinet vostre vie e ne mie plus haut...

Fin: f.72v   ... Vos chosez revisitez sovent, e fetes revisiter, e ceus ke vous servent eschiverent le plus a malfere e se penerunt de myeuz fere,

(ii) Début: f.72v   Au primer deyt celi ke rend aconte jurer k'il rendra leal aconte e leaument se chargera des biens k'il had ressu, e riens ne mestra en roule fors k'il had leaument despendu a prou le seignur a son ascyent ...

Fin: f.75r   ...Et .x. quarters de poumes deyvent respondre d'un tonel de cyfre e de moyson, c'est a saver .ccl. gallons. E d'un quarter de noyz, .iiij. gallons de oyle. E de chescune rousche de eez .ii. gallons de mel. E l'en pourra pestre par my l'yvern .viii. rousches d'un gallon de mel.

Commentaire: Conseils d'un père à son fils pour bien gérer ses terres. Composé probablement au règne d'Edward III. Voir *Du gaignage des terres* copié par William Lambarde en 1577 (B.L., MS Add, 20709), éd. E.Lamond, Londres, 1890.

[Voir *Ordo Compoti*, MS 297, f.172v].

c) ff.77v-78v: Statuts: *De legibus Kancie*.

Voir: *Statutes of the Realm, The*, 11 vol., Londres (Royal Records Commission), 1810-28, réimpr. 1963. Vol.I (1810), Vol.II (1816), Vol.III (1817).

Début: f.77v   Ces sont les usages et les coustumes les ques la conmunauté de Kent clayment aver en gavelikende et en gens gavelikendeys ...

Fin: f.78v   ... Ces sont les usages de gavelikende e des gavelikendoys en Kent ke furent devant le conqueste e en le conqueste e toutes houres dekes en ça.

d) ff.79r-81r: De equis medicandis:

Voir: T.Hunt, Popular Medicine in thirteenth-century England, Cambridge, 1990.

Début: f.79r   Ceo est la marchausie de chivals. Peleyn deit cure trey aunz ove sa mere e puis deit ol'en mestre en l'estable e pestre de grossenlandes pour enlargir le bowel cum de payle, de herbe deskes la touzseyns, e pus feyn e de payle ...

Fin: f.81r   Si est querbatu. Si l'en doynt demy sextus de vin blanc a beure chaud kant il averad ankes erré.

[Voir MS 297, Les Mediciniz e la cirurgerie a chivaus].

e) f.101v: Visus Franci pleggi [Frankpledge]: Juridiction royale.

Début: Primes wus nus dirrez par les sermens qe wus avez fet si touz les suyters qe deivent suyte a ceste curt seyent venus com venyr deivent et queus ne sont mye. Et si touz les chyef plegges seient venuz ad lour dyteynes e queus ne sont mye. Et si touz ceaus de .xii. ans seyent en l'assise nostre seignour le roy e queus ne sont mye, et ky les recette de ceaus qe sunt en le demeines le roy e ne unt mye esté un an e un jour ...

Fin: ... De tot ceo fetes a saver par le serment qe wus avet fet.

[Voir MS 482, pp.201-205].

f) ff.102r-102v: Notes dans plusieurs mains du 14e et du 15e siècle:

Interpretacio verborum: Lexique de termes juridiques anglo-saxons. Les interprétations sont en latin ou en français.

Quelques termes du début de la liste sont repris de façon plus détaillée plus bas. Par exemple:

Sokne [1]: fraunche court.
Sokne [2]: c'est a saver sute de vos hommes a vostre curt fraunch.

   Autres exemples:

Theames: c'est a saver les generacions de vos veleins.
Ferdfaire: c'est service d'aler en host.

   [Voir MS 297: Gloses en français].

   g) f.108r: Recette contre la goutte (14e s).

   Voir: T.Hunt, Popular Medicine in thirteenth-century England, Cambridge, 1990.
      A.Goldberg & H.Saye, "An Index to medieval French Receipts", dans Bulletin of the History of Medicine I (1933), 435-466.
      Bossuat I 2992-3004.

   Début: Por goute prenés une viele owe grasce e le fetes apereyler por rostier e prenez un chat e le eschorsez e le netteyet bien dedens e puis le mettet dedens la owe ...

   Fin: ... e puis mettet totes ces choses dedens l'owe avaunt dite si le ferés rostier; e la gresce qe degoute de cele owe recoylyez en un vesel e de cele gresce oynez vostre cors là ou la goute vous tyent.

   [Voir MSS 150, 297, 335, 388, 405, 451, 511].

324

38. MS 324: 14e siècle. Vélin. ff.2+298.

Provenance: De la bibliothèque du roi Charles V de France au Louvre. Signature de Charles sur la feuille de garde ii v.

ff.1r-296r: Miroir des Dames. Traduction française du Speculum Dominarum [vers 1299] du franciscain Durand de Champagne.

Autre MSS: Voir l'édition de Marazza.

Edition: [du texte latin] A.Dubrulle, Speculum dominarum, Paris 1988 [thèse Ecole des Chartes].

Voir: C.Marazza, éd., Ysambert de Saint-Léger: Le Miroir des Dames, Lecce, 1978.
L.Delisle, Cabinet des manuscrits III, 192.
L.Delisle, "Notice sur deux livres ayant appartenu au roy Charles V", dans Notices et extraits, XXXI (1886). 1-31.
L.Delisle, "Durand de Champagne", dans Histoire littéraire de la France 30, Paris, 1888, 302-333.
Barrois, Bibl. prototypographique nos. 949, 950 et 2131.
P.Meyer, dans Romania I (1872), 69, n.3.
J.Welter, L'Exemplum dans la littérature religieuse et didactique au Moyen Age, Paris, 1927, 192-194.

Début: f.1r Ci comence le prologue seur le livre qui est apelez le mireour des dames. Selonc ce que dit uns mestres qui est nommez Vegecius, au livre que il feit de ce qui apartient a chevalerie, il fit acoustume enciennement bonne et seinne doctrine mettre en escript, pour offrir et presenter aus princes et aus granz seigneurs, quar nulle chose n'est droitement enconmencé se eile n'est premierement a dieu plaisent et du prince confermée. Ne il n'est nule personne a qui il apartiegne plus grant science et sapience que au prince, de qui la doctrine doit a touz ses soubgiez profiter, la quele chose l'empereur Octovien et les autres princes anciens garderent et pourchacerent, selonc ce que il est montré et declaré ès feis des empereurs par pluseurs exemples. Ce est la sentence du meistre dessus dit.
Les paroles du quel qui bien entendroit et diligemment peseroit, il trouveroit que le temps encien fu de grant beneurté au regard du temps present. Quar adonc les princes estudioient par grant dili- [f.1v] -gence, ès ars et ès sciences, et avoient les bons clers en grant onnour et en reverence. Quar estude et science ne sont pas contraires a

chevalerie, ainz sont touz jours entracompaigniés, selon les enciennes hystoires. Et ce n'est mie merveille, quar chevalerie deffent clergie. Et clergie enseigne et adrece chevalerie ...

... [f.2r] Et pour ce que le sage roy Salomon dit que, là ou il n'a science qui apartient a l'ame, il n'a nul bien, pour tant, tres noble et tres excellent dame, madame Jehanne, Royne de France et de Navarre, considerans que, tout ainsi que la pierre precieuse assise en fin or est tres belle et tres resplendissent, tout aussi est il de vertu et de science assises en ame de noble et haute personne, comme sont roys, roynes, princes, princesses, pour ce il li a pleu a moy, petit et povre de l'ordre des freres meneurs, commetre un petit livre moral et assez profitable de latin translater en françois et [f.2v] metre, lequel livret peult estre apellé le Mireur des dames, afin que elle sache voaier et considerer comment, toute tache ostée de sa conscience, puisse estre bien ordonnée a Dieu et a ce que a luy apartient, et comment ou gouvernement de sa personne, de son ostel et de ses soubgiez elle se doit avoir, et comment avec touz senz nule reprehension doit honestement converser, et après par quels merites puisse venir a pardurable gloire, et sens fin avec le souverain roy regner ...

Fin: f.294r ... <u>Inhabitare facit unanimes in domo</u>. Diex, dit il, feyt que ceux qui sont en la meyson nostre seigneur sont d'un corage, d'une voulenté; a ceste glorieuse meyson de pardurable beneurté nous vueille conduire et mener. Diez touz puissenz, qui en trinité parfecte vit et regne pardurablement

[Suit la Table, ff.294r-296r].

Commentaire: L'original latin du <u>Miroir</u> [MS B.N., f.lat.6784] avait été présenté à Jeanne de Navarre, reine de France et femme de Philippe IV le Bel, qui en fit faire la traduction française. Il existe de nombreux textes analogues ou portant le même titre.

Voir: A.Piaget, éd., <u>Le Miroir aux Dames</u>, Neuchâtel, 1908.
W.Söderhjelm, dans <u>Neuphilologische Mitteilungen</u> fasc.2-4 (1904), 29-35, suppl.76.

Le MS 324 est décrit dans l'inventaire de la Bibliothèque du Louvre en 1411: "Item le miroir des dames en françois, de bonne lettre de forme, a deux coulombes, historié et enluminé, commençant au ii fo. <u>prudence ainsi li homs</u>, et ou derrenier <u>vertuz vengence</u>, couvert d'une chemise de toille a queue, et ii petiz fermoirs d'argent doré, esmaillez de France, et une pipe de broderie" (No.890, éd. L.Delisle, <u>Recherches sur la librairie de Charles V</u>, 1907, I, 247).
Notre version française, dont il existe 9 manuscrits, connut un vif succès, circulant au XIVe et au XVe siècles dans

les familles de la haute noblesse. Une deuxième traduction partielle et élaborée sur la base du latin de Durand fut faite vers 1528-30 par un prêtre autrement inconnu, Ysambert de Saint-Léger, à l'intention de Marguérite de Navarre.

335

39. MS 335: 15e s. Papier. ff.1+153.

   Provenance: Peut-être du prieuré d'Ely.

   Contenu principal: Tractatus de Mahometo etc.

   [a] ff.132r-132v: [Orthographia gallica]:

   Edition: J.Stürzinger, Heilbronn, 1884.
              T.Wright, dans Altdeutsche Blätter 2 (1840), 193-195.
              W.Bolland, "Of a Treatise on mediaeval French Orthography", dans Eyre of Kent, 6 & 7 Edward II, 1313-1314, Selden Society, Londres, 1912, II, xliii-li.
              R.C.Johnston, Orthographia gallica, ANTS Plain Text Series, 1988.

   Voir: A.Streuber, "Die ältesten Anleitungsschriften zur Erlernung des Französischen in England", dans Zeitschrift für französische Sprache und Literatur 72 (1962), 37-86, 186-211.]
            I.Arnold, "Thomas Sampson and the Orthographica Gallica", dans Medium Aevum 6 (1937), 193-209.
            H.Richardson, "An Oxford Teacher of the 15th Century", dans Bulletin of the John Rylands Society 23 (1939), 436-457.
            H.Richardson, "Business Training in medieval Oxford", dans American Historical Review 46 (1940-41), 259-280.
            J.Vising, Anglo-Norman Language and Literature, Londres, 1923, No.387.
            Bossuat I 2992-3004.

   Début: f.132r Diccio gallice dictata debet regulariter secundum quod scribitur pronunciari. Verumptamen in multis casibus instancia regule reperitur quando unum scribitur et alius pronunciatur ut in subsequentibus plenius apparebit, unde ne ex ignot [sic] procedamus in opere presenti. Primo videndum que differentia fuerit inter pronunciacionem oris stricte prolatem et pronunciacionem acutam. Si tamen gallice dictata monosillaba, dissillaba et trissillaba, plurimave sillaba brevis habent litteram e stricto ore pronunciatam requirit ...]

b) ff.138r-139r: Notes sur l'alimentation et le climat au cours des 12 mois:

Voir: P.Meyer, dans BullSATF 9 (1883), 92-95 ("Préceptes hygiéniques pour les douze mois de l'année" et "Les jours périlleux").
P.Meyer, éd., Comput en français, dans Bulletin SATF 9 (1883), 78-84, 102-122; 39 (1913), 53-56.
P. Meyer, dans Romania 15 (1886), 285-287.
W.Foerster, dans Zeitschrift für romanische Philologie I (1877), 97-98 [MS B.N., f.fr.283, f.152r].

Début: f.138r Le meys de Janver appellent les astronomienz entendement; cil apreygnent coment l'em dyst le cors garder. En cez moys ne fest pas bon seygner ne medicine prendre e memement [?] les trez lundiz dez moys, qar ky vout se seygner, il est en peril de mort. L'enfaunt conçou en lez .ii. primers jours du moys, saniés, ne perira, ce est espruvé ...

Fin: f.139r ...S'il pleut moud en cez moys, il pleuvera tout le an. S'il fet beu temps e cler, torsiun devendra e certeyns chesons guvernerunt moud dez genz. S'il vente moud, grand maladies avendrunt as genz.. S'il tonne, mourirne de genz avra cel anée. S'il terremove, signefie mort de prince ou de roy ou de counte ou de altre grant gentz.

[Voir Ms 405, ff.7v-8r].

c) f.142v Recettes médicales en latin et en français. Précédées par la mention: William de Haneworth juxta Disce Marke (Diss se trouve dans le comté de Norfolk).

Voir: T.Hunt, Popular Medicine in thirteenth-century England, Cambridge, 1990.

Début: f.142r C'est plastre pour dolour de denz. Prenez un mainolf de mugelwyd et [un] mainolf de sauge e de camamille e un mainolf de chicunwyd qui croist desur la tere ...

[Voir MSS 150, 297, 301, 388, 405, 451, 511].

343

40. MS 343: 14e et 15e s. Vélin. ff.1+83+1.

<u>Contenu principal</u>: Radulfus Niger, <u>Chronicon</u>; <u>Cronica de Terra Sancta</u>.

f.72r: Quelques notes en français sur les poids et mesures:

<u>Transcription intégrale</u>: Le dener deit peiser xx greinz de furment. E le unce .ii. d. Qynze uncez funt la livre de Lundris; dusse livris e demi faict la pere de Lundres. Le sac de laine deit peiser la sume de furment e peisent la siste partie [d'une] charre de plum. Si fez .xxviii. peres faict la charre de plum, ceet a saver le grand charre de Lundris, kar le charre del peet: ça mut meindre.

362

41. MS 362: 14e s. Vélin. ff.113.

<u>Statuta Angliae</u>

a) ff.1r-106v   <u>Nova Statuta</u>. Statuts du règne du roi Edward III, années 1 à 47 [1327-74]. Entièrement en français.

<u>Edition</u>: <u>Statutes of the Realm, The</u>, 11 vol., Londres (Royal Records Commission), 1810-28, réimpr. 1963. Vol.I (1810), Vol.II (1816), Vol.III (1817).

<u>Voir</u>:   T.Rymer, <u>Foedera, Litterae et Acta Publica ...</u>, 4 vol., Londres, 1896-69.
<u>Calendar of the Patent Rolls: Edward III A.D. 1327-1348</u>, 4 vol., Londres, 1891-1903.
<u>Calendar of the Close Rolls: Edward III A.D. 1327-1349</u>, 8 vol., Londres, 1896-1905..
H.Nicolas, <u>Proceedings and Ordinances of the Privy Council of England</u>, t.I [1396-1410], Londres, 1839.
H.Maxwell-Lyte, <u>Historical Notes on the Use of the Great Seal of England</u>, Londres, 1926.

<u>Début</u>: f.1r   <u>Anno Primo</u>:   Comme Hugh le Despenser le peir et Hugh le fitz nadgaires a la curte Thomas adonques conte de Lancastre e seigneur e seneschal d'Engleterre, par comune assent e agard dez piers e de poeple du roialme, par l'assent le roi e penan nostre seigneur le roi quorest come traytours e enemys de roi e de roialme, fuissent exiletez, deshiritez e banitez hors de roialme ...

<u>Fin</u>: f.106v   ... est ordeigné e acordé que la monoie de quatres deniers d'Escoce soit vus e coingé en value de trois deniers, e de meindre monoie solonc la quantité et oi par cas celle monoie d'Escoce, soit empeiré, soit celle monoie issiut empeiré mis a meyndre pers solonc la quantité de l'empeirement. <u>Expliciunt Nova Statuta</u>.

b) ff.107r-113r: Trois Statuts du règne du roi Richard II, année 13 [1390].

Edition: Statutes of the Realm, The, 11 vol., Londres (Royal Records Commission), 1810-28, réimpr. 1963. Vol.I (1810), Vol.II (1816), Vol.III (1817).

Voir: Calendar of the Patent Rolls: Richard II A.D. 1388-92, Londres 1902.
Calendar of the Close Rolls: Richard II A.D. 1389-92, Londres, 1922.
T.Rymer, op.cit.

Début: f.107r [En] ycest parlement a Westminster, lundi prochein apres le fest de Seint Hiller l'an du regne nostre seigneur le roy Richard second puis le conquest trezismes, Nostre Seigneur le roy al honour de dieux e seint esglise ...

Fin: f.113r ... Et si ascun persones des meindres estat que prelas, de quel condicion q'il soit, face tiel execucion, soit pris, arresté e mys en prisone, e cet enprisonement e face fin e rannitçon solonc la discrecion du conseil nostre dit seigneur le roy.

365

42. MS 365: 15e s. Vélin. ff.3+168.

   Provenance: Du prieuré de Douvres. f.iii v: Ex dono Willelmi Warren quondam Mairois Dovorrie.

   Contenu principal: Richard Hampole, Commentaires sur la Bible.

   Feuille de garde, f.i v: quelques notes en français:

   Le cesse mercy paster drotur.

   En se va le munde el no sage bevore ky par la ven cauntera curtesy.

   Avez moun cuer encore [?] e tout moun foy.

374

[43. MS 374: 16e s. Papier. ff.80.

<u>Provenance</u>: Probablement de Canterbury.

ff.1r-67v: <u>Chronica</u>. Chronique en latin de Brut à Henri VI:

ff.54v-65v: <u>[C]arolus dei grazia Francorum Rex ...</u>]

Le texte, en latin, du <u>Traité</u> entre l'Angleterre et la France, de 1420 (<u>Traité de Troyes</u>).]

383

44. MS 383: 12e (1125-30) et 16e s. Vélin. ff.9+59+3.

<u>Provenance</u>:   Peut-être de l'église St. Paul à Londres.

<u>Contenu principal</u>:   Leges Anglo-Saxonicae.

a) f.12r: marge inférieure, main du 13e s.: Brouillons (de chansons?) en français:

Ki ben est amé e bel ami a, ke li faut il?

Tant hunt chacé cist oisel suz l'umbrage, ki estrif sunt.

De druerie fine les plusours notent sulun lur curage, les quels deivent aver la seisine.

La maviz dist ke dames de vasur deivent aver la seisine d'amour.

Le rosinol dist ke ce serreit utraje.

Eiz deivent puceles. Aufrois ni saige

La maviz ...

b) ff.40v-42v: Dans les marges inférieures: Exorcismes et charmes (instructions en latin et en français sur les psaumes à réciter selon diverses circonstances):

f.40v   Contre destourbers quant vos levez matin, si dirrez .vi. feiz: Deus in nomine tuo ...

Qui chet en adversité del secle, die .iii. feiz devant [la] croiz a genoile ...

f.41r   Qui deit bataille fere, die .x. feiz, ou aucun por [lui] ...

Qui est en adversité, die ...

Qui est en volenté de peché fere ...

f.41v   Qui est environé d'enemis, die .x. feiz ...

Si poesté de deable est en home, die ...

-100-

Qui grant chose veout comencer, estende sei devant l'autel et die ...

f.42r   Qui veut son desir en ben aconplir, die ...

Qui est en tristor seit lendemein al sacrement de la messe e die ...

Qui troble seveit, die od gemissemenz ...

f.42v   Qui dit ces dous vers a sun moriant, s'alme n'entrerat en enfern ...

385

45. MS 385: 13e et 14e s. Vélin. ff.2+44+62+5+12+2. 4 vol. reliés ensemble.

<u>Provenance</u>: En tête de f.1r, la mention: "Hic liber est monachi cuiusdam Cantuariensis."

<u>Contenu principal</u>: <u>Tractatus monachi peccatoris</u>; Guillaume de Conches, <u>Philosophia Secunda</u>.

f.67v: Quelques expressions en latin traduites en français, dans la marge inférieure:

Apricum dicitur in galico averilus.

Hic est bonum apricum quod est in galico: ci ad bon abri.

In galico dicitur: ore est hernue.

In galico dicitur: ore est a la braye.

388

46. MS 388: 14e s. Vélin. ff.54.

   Contenu principal: Traités de médecine.

   Edition: E.Valentine, An Edition of the Anglo-Norman Content of five Medical Manuscripts of the fourteenth and fifteenth Centuries, thèse de doctorat (Ph.D.), Université d'Exeter, 1991.

   Voir: T.Hunt, Popular Medecine in thirteenth-century England, Cambridge, 1990.
   A.Salmon, "Remèdes populaires du moyen âge", dans Etudes romanes dédiées à Gaston Paris le 29 Décembre 1890..., Paris, 1891, 253-266.
   P.Meyer & C.Joret, "Recettes médicales en français publiées d'après le manuscrit 23 d'Evreux", dans Romania 18 (1889), 571-582.
   L.Wiese, "Recettes médicales en français", dans Mélanges de linguistique et de littérature offerts à M. Alfred Jeanroy ...., Paris, 1928, 663-671.
   Ö.Södergård, Une lettre d'Hippocrate d'après un manuscrit inédit, Stockholm, 1981.
   P.Kibre, "Hippocrates Latinus: Repertorium of Hippocratic Writings in the Latin Middle Ages", dans Traditio 38 (1982), 165.
   D.Jacquart, Le milieu médical en France du XIIe au XVe siècle, Genève, 1981.
   A.Goldberg & H.Saye, "An Index to mediaeval French Receipts", dans Bulletin of the History of Medicine 1 (1933), 435-466.
   P. Cézard, La littérature des recettes du XIIe au XVIe siècle, Paris, Ecole Nationale des Chartes, Positions des Thèses, 1944.
   Bossuat I 2992-3004.

   a) f.1r   Hic incipit liber Ypocracie, Galieni et Scepei: Prologue en vers, précédant une version de la Lettre d'Hippocrate.

   Voir: C. de Tovar, "Contamination, interférences et tentative de systématisation dans la tradition manuscrite des réceptaires médicaux français - le réceptaire de Jean Sauvage", dans Revue d'Histoire des Textes 3 (1973), 115-191; 4 (1974), 239-288.
   P.Meyer, dans Romania 40 (1911), 536-539 [version en prose].
   P.Meyer, dans BullSATF 39 (1913), 45-53.

Début: Ypocras se livere fyt.
         A le emperour Cesar myt,
         Demandant: "Si volez vivere,
         Entendez ben a moun livere.
         Kar il enseinyt humme
         De manere e de custhumme
         Comment il deyt tuz joures
         De humme e femme aver cures.
         Par lez ewes regarderés
         Cum après escrit troverés
         Cumment humme descrira,
         Si de mort eschapera;
         Les medesinez queus il sunt
         Ky a maladez appendunt,
         E de lour enfermetés
         Cumment il serrunt deliverés...

Fin: ... Par lez os e par le saung ruge e blanc
         Cuirunt lez veynes gendrant sang.
         En .iiij. parties de meun cors
         Est l'enfermité deins e hores.
         A chef, a ventre, a l'etplein,
         A le vesie regardés ben.
         Ore par singnez vuerés
         Cum en les ewez troverés.
         Voit humme les jugements
         De mettrez e de sages gens.

b)   ff.1r-49r: <u>De urinis secundum Magol</u> [<u>Lettre d'Hippocrate</u>]: texte en un mélange de latin, de français et d'anglais.

Edition: D. de Tovar, <u>La Lettre d'Hippocrate à César</u>, [thèse de 3e cycle, Strasboiurg, 1970].

Voir: P.Meyer, dans <u>BullSATF</u> 39 (1913), 45-53.
           T.Hunt, <u>op.cit</u>., 100-141. [Voir dessus].

Début: f.2v   Si le urine seyt blanche de tut le matyn e ruge après manger, singnefiet sainté.

Le urine gras e truble e [puans], icele n'e pas bone.

Le urine teuve e nent bone; en feveres si il est truble, singnifiet dolour de chief procheynement a veneyr ...

-104-

c) ff.50v-51r: <u>Secreta Medecina H.Sampsonis de Clouburnel</u>:

<u>Début</u>: Seus sunt lez erbes quey sunt appellé lez .v. launces quey meneunt a le playe, se est a saveyr dithayne, paluette, avence, menue consoude, pimpernel ...

d) ff.51r-52r: Charmes et recettes médicales:

<u>Edition</u>: T.Hunt, <u>op.cit.</u>, 90.

<u>Voir</u>: Bossuat I 2992-3004.

<u>Début</u>: f.51r Ce est le charme: Seynt Gabriel le portat par nostre Seygnour pour charmer crestienes de verm, de gute, de kancre, de festre, de gute rauncle, de gute enossée, e de tut manere de gute. Primerement festes chaunter un messe del Seynte Espririt, e puis dites sette charme: In nomine patris ...

e) ff.52r-53v: <u>Nomina herbarum et earum virtutes</u>:

<u>Voir</u>: T.Hunt, <u>Plant Names of mediaeval England</u>, Cambridge, 1989.

<u>Début</u>: f.52r Garofila latine Romanice garofle ...

[Voir MSS 150, 297, 301, 335, 405, 451, 511].

394

47. MS 394: début 14e s. Vélin. ff.1+79. Copieusement illustré.

Provenance: Don de Thomas Markaunt (1439). No.72 dans le Registre des 76 livres qu'il légua au Collège Corpus Christi (MS 232). Peut-être copié en East Anglia.

ff.1r-79v: Apocalypse en prose [version glosée]. [A comparer avec le MS 20, Apocalypse en vers].

Edition: L.Delisle et P.Meyer, l'Apocalypse en français au 13e siècle, Paris, 1901.

Voir: L.Delisle et P.Meyer, L'Apocalypse en français au 13e siècle [MS B.N., f.fr.403]: Reproduction phototypique, Paris, 1900.
S.Berger, La Bible au moyen âge, Paris, 1884.
D.Legge, Anglo-Norman Literature, 236-239.
Bossuat I 3071-3066 bis; III 7744.

Début: f.1r   [Prologue] Seint Pol le apostle dist ke tuz iceus ke voillent piement vivere en Jhesu Crist sufferunt persecucion. Mes nostre tres duz seignur Jhesu Crist ne veut pas ke ses esliz defaillent en tribulacion; pur ceo les reconforte il de sei meimes e done vertu de sa grace, e dit: "Ne eez poür; je su ove vous tuz les jurs, deskes a la fin de cest siecle." E nus done seint escripture pur nous enseigner ke par pacience e confort de escripture, eum esperance en lui ke dit: "Affiez vous en moy; jeo ay vencu le mund." E noster duz pere de ciel ke veit e seet [tutes choses einz ke eles seient, vist e entendi les*] tribulacions ke seint eglise fu a soferir en cest vie mortele e les ordena od sun filz e seint espirit a demustrer, e tut la seint trinité, pere, e fiz, e Seint espirit: treis persons [en] un deu tut puissant ...

... [f.2r] si cum seint Pole ki fu raviz deskes al tierz ciel e vist les secrez deu ke a nul home ne list a dire.
E Seint Johan en cest manere vist ne mie solement les figures, mes entendi les significacions, e les escrit en un isle de mer ky est apelé Pathmos, là ou un cruel empereur, Domicien, le aveit exillé pour la parole deu ke il prechyut al pople, e pur le tesmoigne ke il porta de Jhesu Crist ...

<u>Fin</u>: f.79v   ... Jhesu Crist le filz seint Marie, ki est un deu tuit puissant od le pere e seint espirit, nous alume les cuers de verai creance e eslieve par ferme esperance, e esprenge de verai charité, e nous doint issi en lui vivere e morir ke nous puissum ove lui en sa glorie en cours e en alme saunz fin regner. AMEN.

[* ligne omise dans le MS]

395

48. MS 395: 15e s. Vélin et papier. ff.2+132+1. Plusieurs mains. Illustré.

<u>Contenu principal</u>: Plusieurs traités d'alchimie etc., dont quelques-uns en langue catalane, probablement de la variété Rosselló du nord de la Catalogne (Roussillon).

a) ff.49v-50v: <u>De Lunaria</u> [suivant deux pages en latin, ff.48v-49r, d'une main différente, sur les <u>Virtutes Lunarie</u>]: 3 pages finement illustrées donnant des symboles astrologiques-alchimiques et des plantes, avec des légendes en catalan:

f.50r   Certes alli desus se troba que es stellaria e lunaria, la qual yo se per estrologia.

f.50v   Aquesta es la lunaria blaua perço com fa la floreta blaua, e axi obrada e d'aytel figura e d'aytel grandesa e poquesa. E segons los Lombars e Veneciens es dita talt maior. E la epatica es dit talt menor per ço com son maiors les proprietats d'aquesta, mas la epatica la cuyde seguir en operations ...

b) ff.51v-53r   Table de planètes [f.51v], suivie de son explication en catalan [ff.52r-53r]:

f.52v   <u>Declaratio de la taula precendent</u>:

Se tu vols saber les set planetes, com regnent en lo dia y en la nyt, ne en qual hora de la nyt, guarda en la taula precedent e trobaras qu'en la dia del digmenge per le mayti en la primera hora del dia regne lo sol. E la segona hora Venus. E la terça hora Mercurius ...

<u>Fin</u>: f.53r   ... e la regio dels elements quy regnent cascu .vi. hores del dia segons, l'ascendent statio o descendent gradualment de cascu dels elements segons, apparra be al hom ke intuent. <u>Deo gracias</u>.

c) ff.113v-119r   <u>Traité d'alchimie</u> en catalan. 2 pages de tables [ff.113v-114r], suivies de leur explication etc. [ff.115r-119v].

f.115r   Taula en pla deles significations deles letres del arbre e deles figures posades en aquesta art transmutatoria. E primerament del arbre:
A significa chaos, che vol dir confussio o massa

confussa, o materia en la qual son moltes coses dissolteres en una en specie e manera d'aygua tenant en potencia, ço es en la sua pregorea e dins si aquestes letres ques seguexen o loes coses per elles significades.
B significa la primera materia ...

      f.116v   Reape: ço es prenets una onça de luna bona e fina de cendrada. E altra de sol bo e si de ciment. E dissolras cascu per si en sa aygua fort. E puys pendras quatre onçes de mercury purgat e denegat de sa seculencia, e metras lo en un alembich de vidre ...

      f.119v   ... Après has medicina de pobres que fa crexer lo sol e la luna en infinit. Donan los ne abeure en fussio la quarta part de lur pes en refredan. E aximatex altra vegnada la quarta part e refredan pocs per cehir a infinit, e multiplicar dementre que medicina haies. <u>Deo gracias</u>.

405

49. MS 405: 13e et 14e s. Vélin. ff.2+251. Plusieurs MSS reliés ensemble.

<u>Provenance</u>: L'Ordre des Hospitaliers à Waterford. [<u>Voir</u>: K.Sinclair, "Anglo-Norman at Waterford: the mute Testimony of MS. Cambridge, Corpus Christi College, 405", dans <u>Medieval Textual Studies in Memory of T.B.W.Reid</u>, Anglo-Norman Text Society, 1984, 219-238.]

a) ff.3v-5v: <u>La prophetie Merlin</u> [<u>La Prophétie des Six Rois</u>]:

<u>Edition</u>: R.Taylor, <u>The Political Prophecy in England</u>, New York, 1911, 160-164.
A.Berthelot, <u>Les Prophesies de Merlin</u>, (Bibliotheca Bodmeriana), 1992.

<u>Voir</u>: L.Paton, <u>Les prophéties de Merlin</u>, 2 vol., New York, 1926-27.
Ward, <u>Catalogue of Romances in the Department of Manuscripts in the British Museum</u>, Londres, 1883, I, 309.
H.Sommer, <u>Le Roman de Merlin</u>, Londres, 1894.
E.Brugger, dans <u>ZFSL</u> 61 (1937-38), 321-362, 408-501; 62 (1938-39), 40-73.
D.Legge, <u>Anglo-Norman Literature</u>, 287-288.
T.Smallwood,, "The Prophecy of the Six Kings", dans <u>Speculum</u> 60 (1985), 371-592.
A.Berthelot, <u>Les prophesies de Merlin</u>, Cologny-Genève, 1992.
Bossuat I 1974-1981; IV 3988-4013, 4136-4147.

<u>Début</u>: f.3v   Ci comencent akuns des prophetiez e des merveilles que Merlyn dit en son tens de Engleterre e des rois qui unt esté pus le tens le roi Henri darreyn qui nasqui a Wyncestre e des rois qui seront pour tous jurs mes en Engleterre, de lur aventures, queuz seront bons e malveys, moles e durez.
Un aignel vendra hors de Wyncestre qui avera blanche lange e levres veritables e avera escrit en son non seynt. Cel aignel fra un mayson deu qui sera a bele vewe, mes ele ne serra parfaite en son tens. En la fin de son regne vendra un lou d'estrange terre e habitera en son regne, si lui ferra grant domage e levera grant guerre, mes a fin serra le aignel mestre e vencra le lou par l'aide de uns rouge gopil que vendra hors del Northest ...

<u>Fin</u>: f.5r   ... Lors tremblera Engleterre cum foilles de saume. E en ceo tens avra le tope moult grant poür, si

coillera son poeple. Serra disconfit a grant dolur. En ceo tens tresbucherent les chastels sur Tyne. Si parira que Saverne seche pour les corps qui là gyseront. Les quatre chef flunez d'Engleterre curoiront de sank, mounteynes leverount par grant hydour. Le tope s'enfuyra par poür. Le dragoun lui chacera e ove lui le lou e le lyon. La terre demorra sans pasturele e le tope n'avera fors que la noef ou il entez e serra sur terre a retret de la mere. E il dorra deux partiez de sa terre d'avoir du tyerce partie en pees. Si vivera en grant dolur en sa vie. En son tens vendra le chaut layn froit. Si morra de mal mort en son chemin pour diverse pechiez, car il serra noyé en flot [f.5v] de mere. Son semail devendra pour touz jours en estranges terres. Lors sera la terre d'Engleterre departie en trois entre le dragon e le lou e le lyoun, e serra tost en après cel tens terre de conqueste e si finirount les heirs d'Engleterre hors de lur heritage. Explicit Prophetia Merlini.

Commentaire: La version originale en prose, dérivée du Livre VII de l'Historia regum Britanniae de Geffroi de Monmouth. [Voir aussi MS 80: Henry Lovelich, History of the Saint Graal (éd. F.Furnivall, 4 vol., EETS, 1874-1878; Romance of Merlin, ed. E.Koch, 2 vol., EETS, 1904-1913.]

[Voir MS 476]

b) ff.5v-6v: Table chronologique

Voir: Romania 13 (1884), 500.
      Bede XC, 288).

Début: f.5v   Ici comence le numbre de Adam taunt ke al incarnacioun Jesu Crist sicum desouz est escrit:
    Adam avoit Cc xxx aunz quand il engendra Seth ...

Fin: f.6v   ... le sist age du mund quant il nasqui de la virgine Marie en le avesprement du mund a ky seit honurs e pussaunce saunz fyn. Amen.

c) ff.6v-7r: Noms des Rois [1325]:

Début: f.6v   Ly Reys Athelwlt regna xviii aunz.
               Ly Reys Athelland .v. aunz ...

    [f.7r]   Goward soun frere .xxiiii. aunz.
               Harold sun sorurge .xi. semeynes.

    Ici comence les nouns des Reys puis la venue Willyame le Cunquerour qe fu dit Bastard. Primes William le Cunquerour qe regna .xx. aunz ...

-111-

<u>Fin</u>: f.7r   ... Puis Edward soun fuiz qe avoit regne quant ceste date fu fete xviii aunz.

d) f.7v: <u>Charmes</u>:

Dites treis paternostres ou le noun du pere e le fuiz e le seint esperitz, e puis parnetz treis peres de creye e escrivetz 'le pere e le fuiz e le seint espiretz' e dunke ditez: 'Deus, Reys de tout le mound.' ...

e) ff.7v-8r: Les jours périlleux:

<u>Edition</u>: P. Meyer, dans <u>Jahrbuch für romanische und englische Literatur</u> 7 (1866), 47-51 [MSS B.N., f.lat.770; B.L., Arundel 220; Glasgow, Hunterian Museum R.6.12].

<u>Début</u>: f.7v   Le meystres ky controverunt l'art numbrerunt le malures e le perylous jours qe sent en le an. E ke en un de ces jours nestra, ne vivera mye longement; e ke en maladie cherra ne surdra ja de sa maladie; e ke vage emprendra ja a bon cheff ne vendra; e ke femme esposera, toust depertiront ou a dolour viveront; e ke grant besoygne emprendra, ja a bon chef ne vendra; e ke se fet seygner mora tous. Ceo est a saver ke sunt .xxxii. jours en l'an: Javener ad .vii.: le prime e le secunde, e le quart e le quinte, le dysine e le quinsine, e le disnefyme. Ffeverer ad .iii. ...

<u>Fin</u>: f.8r   ... par merkurdy peril de peple; par joedy morine de femmes; par vendredy perile de bestes; par samadi moreine des oyseus.

[Voir MS 335, ff,138r-139r].

f) f.8r: De la signification des songes:

<u>Voir</u>: R.Bossuat, No.7741.

<u>Edition</u>: W.Suchier, "Altfranzösische Traumbücher", dans <u>Zeitschrift für französische Sprache und Literatur</u> 67 (1957), 162.

<u>Transcription intégrale</u>: Ky vout saver la syngnifiaunce de sounges, il deit dire ces .iii. salmes al comencement ou bone devocioun: <u>Miserere mei Deus, Deus miseriatur</u> et <u>De profundus</u>; et quant il les avera dit, si prendra un sauter, si gardera en le sauter e la prime letre que il trove de la part senestre, taunz purveaunce la sygnifiaunce de son songe trovera. En comensement sy trove A:
    A: sygnefie longe vie ou pousté.
    B: grant pousté en le pouple sygnefie.
    C: la mort de haut home sygnefie.
    D: destourbance ou morte sygnefie.

E: leesse ou joie de sire sygnefie.
F: espaundeson de saunc de haunt homme sygnefie.
G: maveys eschevement sygnefie.
H: morte de la femme ou maveis fine.
I: bone vye sygnefie.
K: porter de pes entre promés.
L: honur ou joye sygnefie.
M: meue dolour en tristesce sygnefie.
N: relevans de amys ou de parenté.
O: vertu ou pousté.
P: pouer ou parface saunté.
Q: sueve vie.
R: sauns morte e sauns mortel play recovrure de luy parlons.
S: donne saunté de alme.
T: crouse de courage ou garniscement.
V: mortel haunge sygnefie.

g) ff.9v-10r: Charme contre les maux et les périls:

Seynt Leon, Apostoile de Rome, escrit ceste lettre e dit ky unkes le lirra ja cel jour ne estout detri sun enimi de mort, de passiun, ne de nul poysoun ...

h) ff.101r-115r: Coutumes de la cité de Waterford.

Début: f.101r Ches sont les leys e les usages de la chité de Waterfford, les queus chascun chiteseyn doit bien garder et salvement sans blemure, car il sont establi par ancien tens:
Et primes, si un chitesein fiert un forein par out il est mort, dount bataille poet soudre: le chitesein se purgera od yl [?] loiaus hommes par out chascun forein homme, si est sespeté encontre chetesein, qe jamais a bataille n'avendra. D'autre part tout soit che de murdre. Si de dete homme aquiter en meisine la maniere ...

Fin: f.117r ... chelui qui le fiere serra comaundé a la prisonne e hors de la prisonne trovera boine seinté de faire les amendes a chelui qu'il feri, soulom coe qe les trespas amounte. E estre amercié grevousement.

i) ff.116v-117r: Autres coutumes de Waterford.

Début: f..116v Des carpentours, mazouns, plasterours, daubeours e des serjaunz e autres onerours est ordiné ...

j) ff.123v-124v: Recettes médicales en français et en latin:

Voir: T.Hunt, Popular Medicine in thirteenth-century England, Cambridge, 1990.
A.Goldberg & H.Saye, "An Index to mediaeval French medical Receipts", dans Bulletin of the History of Science 1 (1933), 435-466.
Bossuat I 2992--3004.

Début: f.123v Pur la tusse: prenez rascine de grenois, .i. hertestonke e de matefeloun e herbe Jon pechiete, .i. ynfer, ambrese, bugel. E de chascun un poignée. .iii. poignés de sinel de choys e licoriz .i. quarter, e fetes bien turbler ...
Fin: f.124v ... Pur saunke estaunchier: Faire potage, el era bien sur un baunk sist, e sun saynt fitz en sun devaunt tient. Sayncte est la dame e saynt l'en faunt si verrament estaunche coe saunk. Dites trois foitz, e .iii. pater noster e Amen.

[Voir MSS 150, 297, 301, 335, 388, 451, 511].

k) ff.125r-154v : Raymond du Puy, [Miracula et Regula Hospitalis Sancti Johannis Jerosolimitani] (c.1145), version anglo-normande (c.1181-1185), précédée par la Bulle de Boniface VIII confirmant les Regula (en latin) et les Miracles racontant les débuts de l'ordre des Hospitaliers. Poème de 1654 vers. Peut-être composé, selon Sinclair, à Clerkenwell (Londres).

Edition: K.Sinclair, The Hospitallers' "Riwle", Anglo-Norman Text Society, 1984.

Voir: L.Larking, The Knights Hospitallers in England, Camden Society, First Series, 65, Londres, 1857.
J.Delaville Le Roulx, Cartulaire général de l'ordre des Hospitaliers de St-Jean de Jérusalem (1100-1310), 4 vol., Paris, 1894-1906.
J.Delaville Le Roulx, "Les Statuts de l'Ordre de l'Hôpital de Saint-Jean de Jérusalem", dans Bibliothèque de l'Ecole des Chartes 48 (1887), 341-356.
J. Delaville Le Roulx, De Prima Origine Hospalariorum Hierosolymitanorum, Paris, 1885.
E.King, The Rule, Statutes and Customs of the Hospitallers 1099-1310, London, 1933.

Début: f.127r Al tens Zezar le premerain,
               Ke emperereur fu romain,
               E al tens Antiochi
               Ke fu prince desus lui,
               Fu en esveske en la cité
               Ke Jerusalem est apelé.
               Par soun dreit nun quant fu nez,
               Melchiazar fu apelez.
               Cist fu prodome de sa lay.
               Fors tant cum il fist un desray,
               Quant del sepulcre seint David
               Besans et vestemens fors ravid,
               Ke sun lignage mis i aveit
               Cum en cel tens custume esteit ...

Fin: f.154v ...Tuz nus eime deu par sa grace.
            Amen, amen, e deu le fasce,
            E par sa [   ] pité
            Nus doint vivre en verité,
            Bein vivre e bein murir.
            Ceo seit deshore nostre desir,
            E tel seit nostre entente
            Ke Deu nus otriet la grant rente,
            Laquele ja ne poet descretre
            Par l'enseignement nostre mestre.

1) ff.155r-158r : <u>Litanie à la Vierge</u>:

Voir: J.Sonet, <u>Répertoire d'incipit de prières en ancien français</u>, Genève, 1956, 27, No.145; 120, No.669.
            K.Sinclair, <u>Prières en ancien français</u>, Hamden, Conn., 1978, 35, No.145; 67, No.669. [Voir MS 450].
            P.Meyer, dans <u>Romania</u> 13 (1884), 509-510.
            A.Långfors, <u>Les Incipit</u>, 36-37.

Début: Ave Seinte Marie, mere al Creatur,
            Reine des angles, plaine de dusur,
            Ave, esteile de meir de grant resplendisur,
            Eschele de Paraïs, saluz de pecheur,
            Ave, Seinte Marie la verge al rai Jesse.
            De wus espainit la flur ke plain est de bunté,
            De fors e de entendement e de humilité.
            Consaile de science e de pieté,
            E de poür deu par ki li diable est maté,
            Glorieuse raine, de mai éez pité ...

<u>Fin</u>:   ... Sire seint Nicholas, riche conseiller,
         Le honur ki deu vous a fett ne poit nul acunter
         En seinte eglise e hors en tere, en mere,
         Requerez vostre dame mai chaitif aider.
         Jeo requer le martiris e les confessurs
         Ki servint nostre seigneur de nut e de jurs,
         Et si requer les virgines e cele duce flurs,
         Requerez ma dame, ke ele ma sait succurs;
         Gloriuse raine, eez de mai merci,
         Pur amur Jhesu Crist ducement vus pri.

<u>Commentaire</u>: Selon Sinclair la partie ff.157r-158r, à partir de f.157r ligne 6 "Gloriuse raine, de mai éez merci", constituerait une <u>Litanie aux Saints</u> à part. Cependant, dans notre MS il n'y a pas de division et ce vers apparaît également f.155r, 1.10 de la <u>Litanie à la Vierge</u>. On remarque deux fois, f.157r, ce même vers, qu'on retrouve plus loin f.158r à la fin de l'oeuvre. Il s'agirait donc plutôt d'un seul poème intégral.

   m) ff.158r-170v: Elie (Helias) de Winchester, <u>Distiches morales de Caton</u>.

   <u>Edition</u>: H.Kühne, <u>Maistre Elies überarbeitung der ältesten französischen Übertragung von Ovids Ars Amatoria</u>, Marburg, 1886, 110-145.

   <u>Voir</u>:   Wright, <u>Biogr. Brit. Litt.</u> II, 123.
           E. Stengel, dans <u>Ausg. Geb. roman. Philol.</u> 47 (1886), 106-156.
           D.Legge, <u>Anglo-Norman Literature</u>, 182.
           E.Ruhe, <u>Untersuchungen zu den altfranzösischen Übersetzungen der Disticha Catonis</u>, München, 1968.
           A.Långfors, <u>Les Incipit</u>, 342.
           Bossuat I 2646-2650, 5291.

   <u>Début</u>: f.158r   Ki vout saver l'afaitement
                      Ke Catun a sun fiz aprent,
                      Si en latin ne.l set entendre
                      Ici le pot en rumaunz aprendre. [f.158v]
                      Cum Helis de Guyncestre,
                      Ki Deu mette a sa destre,
                      L'at translaté si fatemente.

                      Dit Catun al cumencemente
                      Cum jeo ma apaçuy mut plusurs
                      Grevement afolaer es murs

>   A esmay a lur [fol] quider
>   Estre a succur e a eider
>   Si ke il ne quissent meemement
>   Sulum iço ke a honur apent ...

Fin: f.170v ...Par plus estudir seis ententis,
>   De sens aprendre plus e plus tuz dis
>   Ne ja ne fine taunt cum tu es vis,
>   Ne te merveil ke ecrit ni brefment.
>   Ceo fit la brevent de mun ententement
>   K'en la raisun joius deus vers sulement
>   K'il translata l'en entent tut autresy
>   Duz Helyes, dunt Deus ait mercy.

>   Expl. liber Catonis.

n) ff.171r-183v: <u>Poème sur l'amour de Dieu et sur la haine du péché</u>.

Autres MSS: Oxford, Bibl. bodléienne, Rawl.Poetry 241.
              Dublin, Trin. Coll.. D.4.18.
              Londres, B.L., Cott. Domitien A.XI.
                               Old Roy.20.B.XIV.
                               Arundel 288.
              Paris, B.N., f.fr.902.

Edition: P.Meyer, "Notice du ms. Rawlinson Poetry 241 (Oxford)", dans <u>Romania</u> 29 (1900), 9-21.

Voir: A.Långfors, <u>Les Incipit</u>, 58.
         Bossuat I 3147.

Début: f.171r   Chescun deit estre amé
                Par la mesure de sa bounté.
                Chescun vaut taunt cum il eime
                Si cum Seint Pol nus enseigne:
                Il dist si il eust chescun ben,
                Si il ne eust amur, ne serreit ren.

                Kar ne eist home taunt de virtuz
                Si il ne eit amur, trestut est nuz.
                Amur si est la vesture,
                De touz biens la coverture;
                Amur est saunz dotaunce
                De chescun vertu la meissaunce ...

Fin: f.183v ...Là verrum deu omnipotent
              Si cum il est apertement,
              Cum il est un en trinité
              E treis en un en majesté.
              De sa veue averumm tant delit
              Ke ja par launge n'ert dit
              Ne par oraille escuté,
              Ne par humeine quor pensé.
              Prium deu omnipotent
              Ke cel e tere fist de nent,
              Ke sa joie nus otrie
              Od lui en la pardurable vie.
              Là nus meine la douce Marie.
                            Amen.

o) ff.183v-196v: Sermon rimé. [De Passione Christi].

Edition: W.Suchier, Zwei altfranzösische Reimpredigten mit Benutzung der Ausgabe Hermann Suchier, Halle, 1949, 123-144.

Voir: P.Meyer, dans Romania 36 (1907), 111.
           D.Legge, Anglo-Norman Literature, 180-181.
           A.Långfors, Les Incipit, 93.
           Bossuat I 3536, 3543.

Début: f.183v   Deu omnipotent
                Ke al comencement
                Creat cel e tere, [f.184r]
                Nus seit cumfort
                E doint devaunt la mort
                Verrai penaunce fere.

                Pur deu en pensez,
                Cum fustes engendrez
                E a quele dolour,
                Cum en peché vivez
                E en tere returnerez,
                Ne savez quele jour ...

Fin: f.196v... Il est issi escrit
               Ke li apostle dist
               Ke solum sun poer
               Par deu voudra suffrir
               E peine od li partir
               E od li purra regner.
               A itel regne nus meine
               Ki pur nus suffri peine.
               Jesu le tres duz,
               Pur le amur de sa amie
               La pucele Marie.
               Amen diez tuz.

-118-

p) ff.196v-212r: Perot de Garbelei, <u>Divisiones mundi</u>.

<u>Edition</u>: O.Prior, <u>Cambridge Anglo-Norman Texts - I</u>, Cambridge, 1924, 34-62.

<u>Voir</u>:   Bossuat I 2867-2868.

<u>Début</u>: f.196v Un livre de haut evre
Ki descrist et deskevre
Les choses de ceo mund
E les gens ki i sunt
A je en cunte trové.
Meint bon clerc ben fundé
E de clergi eslit
Ferment preisent ceste livre
E foundé de clergie
Ki le lisent ou manie,
Kar tute est en latin,
Del chef deskes en la fin.
Plusurs clers dient ben,
Ke nul pour nule ren,
Taunt ne savereit de lettre,
Ne purreit mie mettre
En romance ne rimer, [f.197r]
Tant ne savereit limer.
Pur ceo s'en est par fei
Perot de Garbelei
Entremis pur aver
Le gré e le voler ...

<u>Fin</u>: f.212r ...Ore awn acumplies
Del mund les treis parties.
Dist vous avum levement
Tut le establement
Del mund e queus i est.
Grant preu e grant conquest
Recevire il purrount,
Cil ki ben entendrount.

q) ff.212r-228r: Gillebert de Cambre, <u>Lucidaire</u>. [<u>De Anticristo</u>].

<u>Edition</u>: E.Ruhe, <u>Himmel und Hölle. Heilswissen für Cisterzienser. Der Lucidaire en vers des Gillebert de Cambres</u>, Wiesbaden, 1991.

<u>Voir</u>:   H.Schladebach, <u>Das Elucidarium des Honorius Augustodunensis und der französische metrische Lucidaire des 13. Jahrhunderts von Gillebert von Cambresy</u>, Leipzig, 1884.
P.Eberhardt, "Der Lucidaire Gilleberts", dans <u>Archiv für das Studium der neueren Sprachen und Literaturen</u> 73

(1885), 129-162.
P.Meyer, dans <u>Notices et Extraits</u> 35, I, 151-152.
P.Meyer, dans <u>Romania</u> 29 (1900), 78-82.
V.Lefèvre, <u>L'Elucidarium et les Lucidaires</u>, Paris, 1954, 311-315.
Bossuat I 3503-3505, 7799.

Début: f.212r   - Meistre, beneit seis tu,
                Ben me as tut resun rendu,
                Mes de Antecrist demaundasse
                Mult volenters, mestre, se je osase.
                - Je t'en dirrai; ore i atent!
                Te quide aukes apertement
                Cil ki out Antecrist nomer. [f.212v]
                Primerement deit noter
                La proprieté de cest noun
                E la significaciun ...

Fin: f.228r ...Kar il ne voudrunt preu doner
                As poürs deus pur eus laver
                Lur male vie ne lur peché,
                Dunt il esteient einz lier.
                Beneit seit ki cist livre fist
                E ensement celi ki le escrist.

r) ff.228r-230v: Adam de Ross, <u>Visio S.Pauli</u>:

Edition: L.Kastner, "The <u>Vision of Saint Paul</u> by the Anglo-Norman trouvere, Adam de Ross", dans <u>Zeitschrift für französische Sprache und Literatur</u> 29 (1906), 274-290.

Voir: D.Legge, 274.
         Bossuat I 3358-3362; III 7785-7786.

Début: f.228r   Seignurs, freres, or escotez:
                Vus ki estes a Deu nomez,
                Aidez mai a translater
                La visiun Sein Pol le ber.
                Dampne Deu par sa dousur
                E par la sue grant amur
                Out merci et memorie
                Des almes ki furent en purgatorie ...

Fin: f.230v ...Sein Michel li ad ceo dit:
                "Ami, kar Deu aveient en despit,
                Lur chasteté unc ne garderent,

Ne dampne Deu plein jur ne amerent.
Unc ne chiurent parent ...

[le reste manque]

s) ff.231r-246r: Traité sur les vertus, en prose.

Version d'un traité de Guillaume de Conches.

Voir: Bossuat, I 2653.

Début: f.231r   Talent m'estoit pris ke jeo recontasse de philosophes l'enseygnement de cel clergie ke est apelez moralitez que en plusurs volumes est enspandue, si que jeo puisse une partie de lur bons dis mettre en un escrit brevement. Endementers que jeo pensoye en itel hore que [l'en] apele le primer somme, vint devant moy dormant in grant home, e si ly sueroint granz conpaignies de clers que sembloent estre hautez persones de cors et de age. E tantost me dit mon curage que ceo estoit cil que primes establi eloquence. Après celi aloit Senekes li sages enseigneres de moralitez, e plusurs autres clers ...

Fin: f.246r ... Tot al premir deit ly sires purvoir a sa genz ço que mester lur est e eus après deveint lur cors travailler e seon servise fere. Li cors des serganz deveint estre subjez al servise lur seygnours, mes li quors est si francs que nuls ne poet justisier. Car la prisons du cors ou il est enz enclos ne li justise mie qu'il ne face sa volunté. Pour ceo deit seygnour garde prendre qu'il seit autre tenz vers sa genz com il voroit k'il fussent vers ly. Si li doy remembrer k'il sunt homes cum il est. E s'il poer a sur euz, car deus a mut greignour poer sur ly. E ly serganz tut al premur conformez se deit as mours e a la manere son seignour. Si des sires est irres, il ne deit pas joie fere. Si son seygnour parot, il se deit teire. Après se deit li serganz garder de malvais conseil a son seygnour doner ne loer. Dunt ly bons clers dit: "Gard tey de conseiller, et bien te purvoy de home loer ke

[Le reste du texte manque, jamais copié apparemment, puisque le revers de cette feuille, f.246v, est blanc.]

Commentaire: Cet ouvrage se trouve également dans le MS B.N., f.fr.7856, qui contient des oeuvres de Geoffrey de Waterford.

t) ff.248v-249v: Supplique en français:

Début: f.248v   A vous, sire justice d'Irlaunde, e au conseille nostre seygnour le roy, yeirs, baillifes e conmualtés des cités, fassoms assavoir coment le mal e la guerre de terre d'Irlaunde est avenuz. E de primes, pous le counquest en sa, deuz maners dez gens ad esté e est en Irlaunde. C'est assavoir Engleis e Yrois. Entre queuy trois maners des loys ad [e] est usée, dount chescoun est contrariaunt a autre. C'est assavoir commune loy ...

Fin: f.249v ... que mes ne facent aliance de mariages entre eaux; e les Yrois que sount countre le ley e la pees sour greve forfaiture.

u) f.251r: Indulgence. Pour la plupart en latin, mais contenant des phrases en français et en anglais:

... Benedictus et laudatus sit dulce nomine domini nostri Jhesu Christi, Amen. In alia lingua: Beneit e loez seit le douce noun de nostre seignur deu Jhesu Crist, Amen. Blessede and worschepede be yat swete name of oure [lord] god Jhesu Crist, Amen. Et qui die amen avera .xx. jours de pardoun. La pape [Clemen] graunta a tous ceus ou celes qui devotement enclinent la teste a totes les [feiz] qu'il oient nomez a la messe Jhesu ou Maria .xx. jors de pardoun.

432

50. MS 432: fin 13e s/ début 14e s. Vélin. ff.3+116. Au verso du dernier folio, un texte en latin presque totalement effacé (5 lignes) d'une écriture qui semble de la même époque que les folios précédents, soit fin 13e s./début 14e s. 11 miniatures sur fond d'or, dont certaines ont été abîmées et sont en mauvais état, mais elles sont dans l'ensemble encore lisibles: ff.1, 6, 24v, 32, 39v, 51v, 67, 83v, 91, 99, 114. Toutes concernent une scène tirée du manuscrit; les liens sont étroits entre entre le texte et l'image.

Les trois premiers folios - en parchemin - sont plus récents et présentent un texte en latin copié de la main de John Skelton, poète Tudor; large écriture facile à identifier:
f.1v présente le texte contenu dans le manuscrit médiéval: "horrida proelia Martis", mais "digna legi". En bas, sa signature: "Skelton loyall".

f.2 contient la devise du poète: "Bien m'en souvien", soulignée d'une "boucle" caractéristique à l'intérieur de laquelle on peut apercevoir un chiffre 24, permettant de dater le texte de 1511.

ff.2v-3-3v donnent un texte en latin, dédicace et offrande au roi de la part du poète qui se présente comme "humilem Skeltonida vatem" et qui voit dans ce récit une des "chroniques de France qui noircissent les exploits des Anglais".

L'ouvrage est signalé dans l'inventaire de 1575 comme appartenant alors à Parker: G 9, avec la mention "Ricardi primi bella contra Saracenorum Gallice...

Dans les marges du manuscrit médiéval, Skelton a indiqué quelques commentaires concernant la vie de Richard Coeur de Lion, par exemple ff.5, 8v, 15, 18 etc., et corrigeant parfois la présentation des faits donnés par le texte.

Il semble que cet ouvrage ait été remis par Skelton au jeune roi Henri VIII (dont il avait autrefois été le précepteur) lors de son avènement au trône alors que le poète espérait obtenir à nouveau la charge de poète officiel de la cour.

[Note de Danielle Queruel]

ff.1-116: <u>Récits d'un ménestrel de Reims (Chronique de Reims)</u>.

Editions: L.Paris, Paris, 1837.
N. de Wailly, Paris, 1876.
D. Tappan [en cours].

Traduction: *Récits du Ménestrel de Reims au XIIIe siècle* (miniatures et enluminures de A.Dusssarthou), Editions d'art Sefer, Monaco, 1992.

Voir: D.Tappan, "The Manuscripts of the *Récits d'un ménestrel de Reims*", dans *Symposium* (1971), 70-78.
D.Tappan, "An eleventh MS of the *Récits d'un ménestrel de Reims*", in *Romance Notes* 24 (1983), No.1, 71-75.
W.Shephard, "A new Manuscript of the "Récits d'un ménestrel de Reims", dans *PMLA* 43 (1928), 895-930.
K.Nyrop, "Notice sur un nouveau manuscrit de la *Chronique de Reims*", dans *Romania* 8 (1879), 479-493.
Bossuat I 3764-3768; II 6710.
D.Queruel, dans *Actes du Colloque 1993*, Cambridge, 1993.

Début: f.1r Des puis cele heure que Godefroiz de Buillon et la royne de France orent conquise Antioiche et Jherusalem, et il orent remise la crestientey de danz, qui par lonc tens en avoit estey hors mise, n'orent crestien victoire contre Sarrazins en la terre de Surie, fors soulement d'Acre qui fu reconquise au tenps Salehadin au tens le roi Phelippe, don vous orrez parler cai en avant; et de Costantenoble que li dux de Venise conquist, qui estoit avugles ...

Extrait: f.99r ... Atant ez vos le lous ou il vint, qui n'antandoit autre chose. Et vint a la chievre et li dist mult fieremant: "Ore, dame chievre, partirons nos?" - "Oÿl, voir, biau sire, se vos volez. Vezci le grain d'une part et la paille d'autre, ainsi come vos me comandastes. Si prenez la moitié de l'un et la moitié de l'autre." - "Va au deauble", dist li lous, "sote beste, tu ne sez que tu diz. Ainsis ne sera il pas!" - "Comant?", dist la chievre. - "En non dieu", dist li lous, "je te dirai. Je sui uns granz homs e ai mult grant maignie, et me convient plus essez qu'il ne fait a toi, car tu es une lasche creature; si auras d'un po essez. Tu auras la paille, et je aurai le grain." - "Amis", dist la chievre, "vos ne dites mie bone raison; mais par [f.99v] dieu, prenez vostre part et me laissiez la moe." - "Par la langue dieu!", dist li lous, "ja n'an ferai riens, e bien to consoille, car je revenrai le matin, e me saches a dire se tu le feras ou non." ...

Fin: f.116r ... Mais n'en i ot nul qui .i. soul mot respondist, fors soulement li arcediacres de Brai, qui dist: "Sire, je voi bien comant il est. Je sui apparailliez de faire vostre velontei de ce que je pourrai faire." Et li arcevesques l'en mercia, et li fist livrer quanque mestier fu, et s'en ala a Rome, et demoura grant piece.

438

51. MS 438: 13e au 15e s. Vélin. ff.1+7+48+132+21+41+12. Plusieurs manuscrits reliés ensemble.

   Provenance: Du prieuré de Christ Church, Canterbury.

   Contenu principal: Gesta Regum [Chronica Gervasii a Bruto ad regem Joannem, cum continuatione ad annum 1316].

   a) ff.19r-54v : Herbarum: [Liber Macri de viribus herbarum]. Quelques noms français et anglais ajoutés dans les marges.

   Voir: T.Hunt, Plant Names of medieval England, Cambridge, 1989.

   Exemples: f.19r   - In gallico hermoyse; in angl. mugwed.
   - Gall. averoine. Siterwode.

   b) ff.206r-207r: Bellum de Peyters [Poitiers, 1356]. La liste des prisonniers français pris à la bataille de Poitiers.

   Edition: W.Stubbs, The Historical Works of Gervase of Canterbury, 2 vol...., Londres, 1879-80, II, 1, lii-liii.

   Début: f.206r Memorandum quod bellum de Peyters fuit anno domini .m.ccc.l.vi., tempore Edwardis regis tertii, videlicet .xiii°. die septembris eiusdem anni per Edwardum principem filium eiusdem regis praedicti et alios magnates regni Angliae. Et isti capti fuerunt in eodem bella et multi eorum occisi:

   Le roy de Fraunce Johan.
   Monsieur Phylip son fiz prince, counte de Peyters.
   Le counte de Pountyf.
Royals   Monsieur Jakes de Borbem.
   Le counte de Ew.
   Le counte de Anvenill, fytz a Monsieur Robert Artoys.

   Le counte de Tankyrvyll ...

   Fin: f.207r   ... Et outre ceo furunt mors .m^1. et .viii^c. persones.
   Ces furunt dux; furunt .ii^{m1}. hommes armés.
   Item les ditz mors et pris furunt mille chevalers qui porterount baners et penons.
   Item après que le prince departi de Burdiaux, avant qu'il

-125-

venoyt a un chastel que homme appelle Remorantyn si avou il pris .v^c. personnes hommes d'armes. Et dedeyns le ditz chastel furunt pris le syre de Cretoune, monsieur Brussegand, et autres .xl. hommes armés.

Item a un chastel que homme appelle Chavyny de Peyte [   ] la bataille pris le counte d'Assure, le counte de Juny, le marechal de Borgogne et furunt mors et pris .ii^c. et .xl. hommes armés.

Item le roy de Ffraunce avoit a la rone [?] .viii^{m1}. hommes de armes et .iii^{m1}. hommes a pé. Et le prince avoit .iii^{m1}. hommes de armes et .ii^{m1}. archers et .m^1. sudauityz.

450

52. MS 450: 13e/14e s. Vélin. ff.1+26+129.

Provenance: Aurait appartenu à un notaire à Durham.

Contenu principal: Johannes de Bononia, Summa; lettres et documents concernant Durham.

a) ff.122r-127r: Gautier de Bibsworth, Treitiz (avec des gloses en anglais).

Editions: A.Owen, Le Traité de Walter de Bibsworth sur la langue française, Paris, 1929.
    W.Rothwell, ANTS, 1990 [d'après le MS Cambridge, University Library Gg.1.1]
    T.Wright, Femina, Londres, 1909.

Voir: P.Meyer, dans Romania 13 (1884), 501-503.
    A.Owen, Le traité de Walter de Bibbesworth sur la langue française, Paris, 1929.
    D.Legge, 348.
    R.Bossuat, No.6583.
    A.-M. KRISTOL (en cours)

Début: f.122r   Ici comence ascun estrange parole de Fraunce:

[vers 1-4 omis]

Quant lui enfes est née
Lors deit estre mailolé.
L'enfant en berz est coché
E par sa norice est bercé.
L'enfant covent de chatoner
Avant qui sache a pez aler.

[vers omis]

Quant par soi poet aler,
De tay se voet enpaluer;
Pur maygne e perl de bleseür
Garce ou garceoun le doit seür
Qu'il ne ceste ne chece
En la boue ne messece.
Quant li enfs ad tel age
Qe scet entendre a langage,
Primes en fraunceis le devez dire
Coment son corps deit descrire:
Ma teste ou mon chef,
La greve de mon chef.

        Fetes la greve au lever
        E mangez le grive au diner ...

<u>Fin</u>: f.127r ...Assez avera des esclavoz
            Qui de chivals suyent les escloz. [le reste
                                      ajouté
                                      par une
                                      autre
                                      main]

            Les fens ostés de puant fouse
            Font sale nape e table grasciouse.
            Herbe cressant a l'uys d'estable
            Ffet blaunche nape e megre table.

            [vers omis]

            Je vey cy venir Mestre Hughe,
            Qui rien ne parle s'il ne bughe.
            Ses deuz garceouns chacent preye;
            A chescun moit l'un barbeye
            Et l'autre ne poet parler
            Un parole saunz nausier.
            N'est il pas force s'il nausie,
            A pain vaut il un escarrie.
            Et qui pyes est, uncore baave
            Enclos fut il en un cave
            Ou que pourast a sa mere
            Que il feit un baiveer.

            Un vallet de la novellrie
            Vint, que d'un mangerie
            E de la feste nous ad conté
            Coment lour service fust aroiez.
            Saunz payn, vin e cerveise
            Ne serroit nul feste a eise.
            Mes tut treis mout esluz
            Il n'avaint, nous a diz.
            Au primer fu porté
            La teste un sangler en armé,
            Et au grain le coler en boneré;
            Et veneison od la furmenté
            Assez parmy la meisone,
            De gres e de fermeson.
            Et puis avoit diverstez en rost,
            Oyez chescun aver de coust:
            Grues, poines e syngnes,
            Oues roses, porceus e gelyns.
            Au tierz cours avoit conyngs en gravé
            Et viaunde de cypre enfundré,
            De maces, quibibbes e cloues endorré,
            Vyn blank e vermeille a grant plenté.

Et puis feisantz, asciz e perderiz,
Grues, allowes e pluvers bien rostez;
Et crespes e fruture
Od ceucre rosette poudré la temprure.
D'iprocraius i avoit a grant plenté ...

[Le dernier vers est mutilé.
 Le reste manque.]

b) ff.127v-131v: <u>Bourdes et proverbes</u>.

<u>Editions</u>: F. Michel, dans Le Roux de Lincy, <u>Le livre des proverbes français</u>, 2e éd., Paris, 1859, Appendice III (II, 472-484).
P.Meyer, dans <u>Jahrbuch für romanische und englische Literatur</u> 7 (1866), 55-57 [d'après le MS Arundel 507].

<u>Voir</u>: P.Meyer, dans <u>Romania</u> 15 (1886), 340.
J.Morawski, <u>Proverbes français antérieurs au XVe siècle</u>, Paris, 1925.
J.Morawski, dans <u>Zeitschrift für französische Sprache und Literatur</u> 56 (1936), 421-22, 434-35, 438-39.
J.Hassell, <u>Middle French Proverbs, Sentences and Proverbial Phrases</u>, Toronto, 1982.
Bossuat I 2704-2725 <u>bis</u>, 5325; II 6535-6538.
P.Ménard, dans <u>Actes du Colloque 1993</u>, Cambridge, 1993.

<u>Début</u>: f.127v <u>Ci comencent .xxxvi. folies et qui les entent, .xxxvi. sens aprent</u>:

Qui nul bien set ne nul ne voet aprendre.
Qui molt acreit et n'ad dont rendre.
Qui tant doint qe ren ne retent.
Qui tant perniet et puis ne doun nient.
Qui tant parle qe nul ne.l escoute ...

<u>Cy comencent proverbes de Fraunce</u>:

A bon demaundour, bon escundur.
A bon jour, bon hure.
A chescun oysel son nye si semble bel.
A cheval doné sa dent est agardé.
A dure asne dure aguylioun.
A la barbe se veisine deit home la soue oyster.
A la cour le roi chescun y est pour soi ...

<u>Fin</u>: f.131v   ...

Un petit de levayn enegrist grant past.
Unqe bien ne me ama qi pour si poy me het.
Unques ne vi riches muet.
Vesyn set tut.
Vulentiers ou envyz veit le prestre au senne.
Voide chambre fait fole dame.
Usage rend mestre.

<u>Ici finisent bourdes, folies et proverbes de Ffraunce.</u>

<u>Commentaire</u>: Dans le MS Cambridge, University Library GG.4.32 il s'agit de "trente-deux folies".

c) ff.131v-132v: Poème sur l'amour de la Vierge. <u>De Notre Dame</u> [titre à la fin de la 1ère strophe].

<u>Edition</u>: Extrait éd. P.Meyer, dans <u>Romania</u> 13 (1884), 531.

<u>Voir</u>:   J.Sonet, <u>Répertoire d'incipit de prières en ancien français</u>, Genève, 1956: No.1274.
         K.Sinclair, <u>Prières en ancien français</u>, Hamden, 1978.
         K.Sinclair, <u>Prières en ancien français: Supplément</u>, Townsville, 1987.
         K.Sinclair, <u>French devotional Texts of the Middle Ages: a bibliographical Manuscript Guide</u>, Westport-Londres, 1979.
         K.Sinclair, <u>French devotional Texts of the Middle Ages: a bibliographical Manuscript Guide. First Supplement</u>, Westport-Londres, 1982.
         P.Rézeau, <u>Répertoire d'incipit des prières françaises à la fin du Moyen Age: Addenda et corrigenda aux répertoires de Sonet et Sinclair. Nouveaux incipit</u>, Genève, 1986.
         A.Långfors, <u>Les Incipit</u>, 236.
         G.Naetebus, <u>Die nicht-lyrischen Strophenformen des Altfranzösischen</u>, Leipzig, 1891, XXVI, 2.

<u>Transcription intégrale</u>: ff.131v-132v

    I   Nul ne doit monter en pris
        S'il n'est d'amour empris,
        Que c'est trop bel enpris.
        E pour ceo jou en l'enpris,
        Mes de tant peyne ne m'en pris
        Que dieu pas ne menpris,
        Pur quoi mon quor enpris ad
        D'amer tele que empris ad
        Totes bones enprises

        Que mayntenant menprisa.
        Et jeo doucement prisa
        Bone aprise enprises.

II   Je vuel par amour amer
       Ou n'ad poynt d'amer
       Que dieu choisi a mere
       E lesser le mal de amer,
       Car quant mal est joint a mer
       L'assemblé est amere.
       Fous est dont que amera;
       Amour ou mal amer ad.
       Par moy n'ert ja amée
       Que mal en mer amerra
       Amant qi mal d'amer ad
       Neyer luy e sa amée. [f.132r]

III   Pucele qi portas le port
       Qi noz almes port en port
       Et tey meises porte,
       Mult estoiez de bon port
       Quant Gabriel dit: "Jeo te port
       Noveles a ta porte.
       Le portour que te porta
       En tey pris sunt dreit port ad,
       Et wet que tu le portes;
       Car en toi si duce port ad;
       Qe de cel de fait porte ad
       Mult sunt duces les portes."

IV   Mere de merci, Marie,
       Cum tu estoies marrie
       Quant vys murrir ton mari
       Qi nen ad te mar rye
       Qi a enfer se marie,
       Ou Lucifer chaitif mari
       Par grant orgoil se maria.
       Et puis q'enfer un mari ad
       Bon est qe aillors nous marioms,
       Car en lieu de Ave Maria
       Là dit chescun qe mari ad
       Fait mariage a Marioun.

V   Chescun pleynt son mal marché
       Disant q'il ad mesinarché
       De pus genser marché.
       Mar marcha vers le marché
       Ou il ad sovent mesinarché;
       Trop pris de male marché.
       Pour ceo sagement marchez,
       Vous q'en mal lieu marchez
       En la vile marchaunde.
       Et quant alez a vuz marchez,

    Prenez gard a vos marchez,
    Vous marchant en marchaund.

VI Fleyrante arbre et florissant,
   De vous fu la flour issant
   Par quy ses flurs flurissent.
   En cele flure m'enflous
   Ausink cum un reyin florriz
   De quy foile e flur issent;
   Jeo ne soi quant flurrira.
   Fou qi onc fole flure irra
   N'onc freel flurie.
   Pour ceo od la flour irrai
   Par quoy en flurs fluriray
   En la flerur flourrie.

VII Ne soi coment flurryt
   Qi sovent od flure irreit
   Coillaunt folie ou flurete
   Qui quant flour meuz flurist
   De leger de sa flure ist.
   Ausi tost fait flurette
   E desturbent le flurr
   De ceux qe deussent flour
   En lour freches flurettes.
   Que quant nous plus flurissons,
   Folement un flur issoms
   Par les febles floretis.

VIII Si amerousment amasse
   Cele en quy amie amasse
   Ne qey gel m'amereyt
   Tant que devendereit la meye
   Amy si bien la amey.
   Par quoi el m'amereyt
   Là ou jeo ne amerey;
   E si jamès amer eye,
   Ceo serra par mesamer,
   Que qi joue od amourettes
   Cum a meur murettes
   En la douceour n'est amer.

IX Amour de amerouse amye
   Ou amour amer n'ad mye,
   Molt fait amerous amant
   Un tresaimable amée
   Que amerousement amé
   Fu de un merveillous amant.
   De sa amye fist sa mere
   E puis suffri mort amere
   Pour luy et pour sez amis,
   Dont serront les fuizz as meres
   Sauvé de paines ameres
   Par cele ou amour m'a mys.

X   Ceux que amer amour amassent,
     S'il par amour aniassent [f.132v]
     La amye que jeo bien ayme,
     Jamès amer ne amereynt
     Ne ja ne les amereynt,
     Ne n'en prendreynt al heym.
     Li mal more de la inurré
     Que l'amye enamuré
     Tuz ces amis amerra
     Hors de la terre morrise
     En la vie amerouse
     Ou chescun ange amera.

d) f.132v: <u>Rime estrange</u>.

<u>Voir</u>:   D.Legge, <u>Anglo-Norman Literature</u>, 348.

<u>Transcription intégrale</u>:

I   En chauntant concorderay
     Un chant que a concorder ay
     En acordant concordaunce.
     E quant je descorderay
     Par cele me acorderay
     De qui vent tut acordaunce.
     Si duz cordaunce
     Trofs en luy qe moun cuer daunce,
     E pur ceo recorderay
     Sa trespleisaunte encordaunce
     Qe acorde descordaunce
     Ytel corde encorderay.

II   Ly bon seynt Edmund recorde
     Que treis vices sunt tant que orde.
     Devent Salme a son recorde,
     Qui de trop manger si encorde,
     Qe trop beivre se accord,
     E trop dormir par acorde:
     Cez treis funt grant desacorde
     Entre le misericord
     E la line que a treys descord.
     Dame, acordez le descorde
     Que trop dotoins se descorde
     Del archer que dune descorde.

III E ly cordeler recordent
     Qe treys veisins nous descordent
     A deu dont poy recordoms.
     La char le mund que se accordent,
     E le maufez qe nous concordent
     Si qe a dieu desacordums.
     E il nous donn uncore douns

-133-

        Quantre pur les treys cordouns
        Rumpir los qe nous encordent
        Quant qu'ensi encordoms
        E a mesure acorduns
        Force e dreit nous desencordent.

IV   Jeo me sui bien recordé
        Qe les sys m'unt descordé
        E maline mal descordée
        Par graunt surfait al corps dé.
        Si [a l'un] ne suy accordé
        E ele au sink accorde
        Dreiture, e bien recorde
        Qe d'enfer iert encorde
        E ly corps, las, encordé
        Ou trop ad d'une corde
        Qe ja n'y ert desencorde.

        [Il manque un vers]

V   Duz Johan, qe te recordes
        Cum fu encordé des cordes
        Dou corps pour desencorder
        Tez feytures qe sunt si ordes
        Quant tez granz misericordes
        N'i sevent pas recorder.
        Touz jours volums descorder
        E grant pechez encorder.
        Maria, orie que tu te acordes
        Qe nous puisseoms concorder
        E par ta mere acorder
        A tey de noz grant descordes.
                      Amen.

e) ff.132v-133v: <u>Uncor autre rime</u> [Dit équivoque].

<u>Voir</u>:   P.Meyer, <u>op.cit.</u>, 532.
          A.Långfors, <u>Les Incipit</u>, 15.

<u>Début</u>: f.132v

        Amours me unt si enchaunté
        Qe jeo ay tutdis deschaunté
        Tut quant qe jeo chauntey,
        Car des joiuz deschauntey.
        Jeo teng mon chant deschaunt
        Quant jeo en chauntant chaunt,
        Par quey jeo enschaunt la chauntaunce
        Qui chaunt chaunceon ou chaunceonet ...

<u>Fin</u>: f.133v

>...Le Ave Maria ou tel rime ad
> Qe quant nous bien la rymouns
> Tut droit nous le point rymouns
> Là ou li bon saintz rimerount
> Pour ceo qe Ave rimerent
> Ou il tuz jourz rimerount
> Loanges qe a rimer unt.
> Gabriel, bien rimé as
> E en ta chaunceon bon rime as,
> Car qi bien la rimera,
> En Paradis rimera
> Ou nous trestuz rimerouns
> Par Ave qe rimerouns.
> Ore vous ai de Ave rimé;
> Veez si jeo ai bien rimé.

<u>Commentaire</u>: On retrouve ce poème dans le manuscrit <u>olim</u> Phillipps 8336, f.92r, sous la rubrique suivante: <u>Cy comencent les dytees mon syre Gautier de Bybeswurthe. Regardez, lysez, apernez.</u> P.Meyer (<u>op.cit.</u>, 532) le qualifie de "ridicule composition". Il est à noter que le manuscrit Phillipps contient également le <u>Treitiz</u> de Bibsworth.

f) ff.133v-134r: <u>Autre maner de rime</u>:

<u>Editions</u>: P.Meyer, dans <u>Romania</u> 4 (1875), 376-377.
  C.Harvey, "Rime et raison, sens et folie", dans <u>Le Moyen français</u> 29 (1992), 69-79.
  D.Jeffery et B.Levy, <u>The Anglo-Norman Lyric: an Anthology</u>, Toronto, 1990, 237-242.

<u>Voir</u>:   D.Legge, <u>Anglo-Norman Literature</u>, 347.

<u>Transcription intégrale</u>:

> Malade sui, de joie espris,
> Tant suspire que ne repos;
> Jeo ai mon quor en pensé mys,
> E si enpens de nule chose.
> Pover sui et de aver pleyn,
> Et si ne senk ne mal ne bien;
> De joie est tut mon quor certeyn;
> Sages suy et si ne sai ren,
> E jeo sui tant dolerouse,
> Plus jolifs homme n'ert a nul jourz
> Que ma n'est ci ne aillors.
>
> Jeo sui plus plesant que le plum
> Et plus vist que le arund,
> E plus ramage del façun

Que vole par mie tut le mound.
Assés sui privé par resoun,
Et si ne soi ou mon quor meynt
De ly attendre garesoun
Pur qui amours m'ount si enpeynt.
Bon amour que est si tresbele
De jour en jour me renouvele
E me tient en sa cordel.

Jeo sui fort, feble e faynt,
Hardi, pleyn de couardie,
E le vis ai pale et teynt,
E rovent quant home me chastie;
Trop me plest et si me pleink
De bon amour q'ensi me blesce.
Bien sei qe jeo sui destreint
Et si ne senk nule destresce.
Ren ne soi einz qe jeo amasse
Mès ore covent que jeo sache:
Bon amor me chace.

Suspir, solaz, ris et joie
Et amors par lour grant vertuz
Me fount le quer, ou que jeo soi,
Sovent joyus, sovent esmuz.
Quant jeo voys en la haut voie
Je ne soi pas ou jeo sui;
Plust a Dieu q'el fust moye
Por qui amour m'ount si tenu!
Amors est de tel maner:
Simple, deboner et fer,
Et trop sovent de baude chere.

Je sui haut e jeo suy bas,
J'ay mon quer mis en tel guys, [f.134r]
Je sui jolif, silent et mas,
Jeo servve tuzjourz sans service,
Unk home saunz solace
Ne mena si bone vie
Ne si jolif cum jeo face;
E si crei qe le mal me occie.
En amour ad sen e folie,
Honour, hounte et gelusie,
E molt de gent en ount anvye.

g) f.134r: Jeo m'en voys, dame ...

Editions: P.Meyer, dans Romania 4 (1875), 378.
C.Harvey, op.cit.
D.Jeffery et B.Levy. op.cit., 257-259.

Transcription intégrale:

>Jeo m'en voys, dame, a Deu vous comaund,
>Que vous honur et vostre compaignie.
>Ensi me done ceo que jeo demaund,
>Cum je vous ai servi sanz tricherie
>E serviray tuz les jours de ma vie;
>Mès jeo vei bien q'il est venu atant
>Que me covent languir tut mon vivant:
>Si ne dis pas que eiez fait vilennie,
>Mès par vous est joie de moi partie;
>Si en remeindra meint chaunson jolie.
>
>Beus sire dieus, cum jeo sui mescheaunt
>Quant pur le sen ai lessé ma folie!
>Quant jeo fu fols j'estoie molt joiaunt,
>Que je quidey ceo que ne avendra mie.
>Ore ai perceu meynt dure haschie;
>Deble d'enfer m'ount fait si entendaunt
>Qe jeo conoys ceo que me va grevaunt:
>C'est amor qi a tort m'en contraillie,
>Par qi ma dame aillors se humilie
>Si qe devers moy est tut assurdie.
>
>Succurrez moi, dame, d'un faus semblaunt
>Pour recovrer arer ma sotie.
>Si vous me alez tuz les jourz veir disaunt,
>Jeo ai grant poür que mon sen ne m'occie.
>Coverez un poi, si frez corteisie,
>E me lessez languir en attendant,
>Q'il n'est ren que jeo desir tant
>Cum endurer la duce maladie,
>Quant jeo ne puis avoir nul autre eÿe;
>Ore doint Deus que mort m'en deslye!

h) ff.134r-134v: Rime bon.

Editions: P.Meyer, dans Romania 4 (1875), 379-380.
            C.Harvey, op.cit.

Voir: D.Legge, Anglo-Norman Literature, 347-348.

Transcription intégrale:

>En la sesoune qe l'erbe poynt
>E reverdist la matinée,
>E sil oysel chauntent a poynt,
>En temps d'avryl en la ramée,
>Lors est ma dolur dublé,
>Que jeo sui en si dure poynt
>Que n'ay joie poynt,
>Tant me greve la destinée.

D'un duz regard suy si mal poynt,
Que jeo m'y murge, mès trop m'agrée.
Uncore i ad un plus mal poynt:
Q'el me het plus [que] ren née.
Une rien ai en pensé:
Si une foiz fusse despoynt
Jamès ne serei repoynt,
Que cest poynt est trop devée.

Murns et pensif m'en part,
Que trop me greve la partie;
Si n'en puis aler cele part
Q'el n'eyt a sa partie
Mon quor enter saunz partie.
E puis q'el ad le men saunz part,
E jeo n'oy unkes de soen part
A moi est dure la partie.

Par Dieu, Fouquer, un jou vous part,
Or en pernez l'une partie:
De tut revendrez a ma part
Ou tut serés a sa partie.
Si encuntre moi estis partie,
Pur Dieu soiez de ma part,
Qe jeo la teng uncore a part
[Einz qe] m'alme seit partie.

De bon voler mon quor pris
De ceo q'il fist si haut enpris
D'amer cele que ad teu pris
Que chescun entendant la pris.
Sez beals firen la prise
Dount jeo suy lié e pris.
Amour, par vous sui surpris:
Eidez moi q'el soit ma prise.

Ma chaunsoun et ma repris
Envoy a ceux en pris
E si je ai ren mespris
Bien voile q'el soit mesprise.

451

53. MS 451: fin 12e et début 13e s. Vélin. ff.1+194.

   Provenance: De l'abbaye de Sainte-Marie (St.Mary's) à York.

   Contenu principal: Hildeberti Epistolae; Historia Apollonii etc.

   f.194v: (main tardive) Charme pour guérir les moutons:

   Voir: T.Hunt, Popular Medicine in thirteenth-century England, Cambridge, 1990.
         Bossuat I 2992-3004.

   Début: Primes deit l'em meitere tuz les berbiz en une meisun ... e puis entrer ... e puis prender le eve beynite e ... jetauynt sur les berbiz e dire iceste charme: in nomine patris et filiis et spiritus sanctus. Saint Filiol sur le ile de la mer sist ... Dampnedeu li survint et lui demanda et dit: "Filiol, que fais tu ici?" - "Sire, jo garde mes berbiz de la verole et del cloufic ..." ...e ma danze sainte Marie le porta for ...

   [Voir MSS 150, 297, 301, 335, 388, 405, 511]

460

54. MS 460: 13e au 14e s. Vélin. ff.1+182. Plusieurs mains.

Provenance: De Thetford ou de Norwich.

Contenu principal: A.Nequam, Correctiorum Biblie etc.

ff. 25r-68r: Alexander Nequam, Corrogationes Promethei.

Voir: P.Meyer, dans Notices et Extraits 35 (1897), 641-682.
T.Hunt, Teaching and Learning Latin in thirteenth-century England, 3 vol., Woodbridge, 1991, I, 353, n.12.

Commentaire: Voir Notes au MS 217.

462

55. MS 462: 12e s. Vélin. ff.142+8.

Provenance: Du prieuré de Douvres.

Contenu principal: Recapitulatio Bibliorum; Lanfranci Consuetudines; diverses chartes etc.

f.150v: Poème sur la mort de Jésus-Christ (écrit comme prose):

Edition: R.Reimsch, "Mittheilungen aus einer franz. Handschrift des Lambeth Palace zu London", dans Archiv für das Studium der neueren Sprachen und Literaturen 36, Band 63 (1880), 76-77 [éd. d'un extrait].
Voir: J.Sonet, Répertoire d'incipit de prières en ancien français, Genève, 1956: No.1672 [Lambeth Palace, MS 522, ff.222r-226v].
K.Sinclair, Prières en ancien français, Hamden, 1978.
K.Sinclair, Prières en ancien français: Supplément, Townsville, 1987.
K.Sinclair, French devotional Texts of the Middle Ages: a bibliographical Manuscript Guide, Westport-Londres, 1979.
K.Sinclair, French devotional Texts of the Middle Ages: a bibliographical Manuscript Guide. First Supplement, Westport-Londres, 1982.
P.Rézeau, Répertoire d'incipit des prières françaises à la fin du Moyen Age: Addenda et corrigenda aux répertoires de Sonet et Sinclair. Nouveaux incipit, Genève, 1986.
A.Långfors, Les Incipit, 275.
G.Naetebus, Die nicht-lyrischen Strophenformen des Altfranzösischen, Leipzig, 1891.

Transcription intégrale:

>   Penset, cheitif, de cele mort
>   Ki Jesus sufri pur vus* a tort.
>   Si retreviet vostre curage,
>   Ke trop est leger e volage
>   Fferinet le ben en deu servise,
>   Ki ceil e tere e mer jutise.
>   De tut tun quer penset de li,
>   Ki pur vus* en la crois pendi,
>   Kar tut le cors i seit present;
>   Joy vaut si le quer n'i atent.
>   Penset de vostre creator

Ki là pendi pur vostre amour.
Ben vus dut sa mort attreire
De li amer, servir et pleire.
Kar greindre amour ne vus pout mustrer
Ki sei pur vus a mort livrer.

* <u>nus</u> corrigé en <u>vus</u>.

468

56. MS 468. 13e s. Vélin. ff.10+158.

<u>Provenance</u>: Le Psautier de Grégoire de Huntingdon, prieur de Ramsey (vers 1250).

<u>Contenu principal</u>: <u>Psalterium Latino-Graecum</u>.

a) f. vii r: [<u>Les pronostiques d'Esdras</u>]:

<u>Voir</u>: L.Tischendorf, <u>Apocalypses Apocryphae Misis, Esdrae,..</u>, Leipzig, 1866.
R.Bensley, éd., <u>The fourth Book of Ezra</u>, dans <u>Texts and Studies</u> III, Cambridge, 1895.
G.Mercati, "Anecdota apocrypha latina. un "Visio" ed un "Revelatio" d'Esdra ...", dans <u>Studi e testi</u> 5 (1901), 61-81.
<u>Olim dictum est in Gallia quod spiritus nequam de .iiii. filiis regis Hnr. .ii. taliter creditur prophetasse: Li plus beus a Marthenus; li Marchis a Paris; le Petevin a Limozin; li Sanz tere mora en bere. Henricus, Gaufridus. Ricardus, Johannes.</u>

[b) p. viii r: <u>Conductus</u> de Gautier de Châtillon:

> Omni pene curie
> President incurii,
> Penes quos justicie
> Tenor et judicii.
> Pios ligant impie,
> Sed solvuntur impii;
> Nec dant locum venie
> Nisi sorte premii.

Cette strophe se trouve intégrée comme onzième chanson monophonique dans la version avec musique du <u>Roman de Fauvel</u> [Paris, B.N., f.fr.146]. Voir S.Rosenberg & H.Tischler, éd., <u>The Monophonic Songs in the Roman de Fauvel</u>, Lincoln, 1991, 35.]

469

57. MS 469: fin 13e s. Vélin. ff.4+191.

Contenu principal: Liber Sancti Basilii; Bestiaire; Chroniques etc.

ff.178r-180r: Fragment de Chronique d'Angleterre:

Editions: J.Glover, Le Livere de Reis de Brittanie ..., Londres, 1865 [d'après le MS Cambridge, Trinity College, R.14.7].
C.Foltys, Kritische Ausgabe der anglonormannischen Chroniken: Brutus, Li Rei de Engleterre, Le livere de reis de Engleterre, Berlin, 1962.
D. Tyson, dans Romania 96 (1975), 1-26.

Voir: T.Hardy, Descriptive Catalogue of Materials relating to the History of Great Britain and Ireland, to the End of the Reign of Henry VII, London, 1862-71, I, 571.
B.Woledge et H.Clive, Répertoire des plus anciens textes en prose française depuis 842 jusqu'aux premières années du XIIIe siècle, Genève, 1964, 75, No.22.
C.Clark, "The Anglo-Norman Chronicle", en appendice à l'édition de D.Whitelock de The Peterborough Chronicle, Copenhagen, 1954, 39-43.
F.Brie, The Brut or the Chronicles of England, ed. from MS Rawl. B.171..., 2 vol., EETS, Londres, 1906-08.
D.Legge, Anglo-Norman Literature, 27-36, 280-283.
D.Tyson, dans Actes du Colloque 1993, Cambridge, 1993.

Début: f.178r   Jadis al tens as Engleis soleyt Engletere estre departi a .v. parties e a .v. reis. Li uns aveyt Kent; e li autre Westsexe; li ters Mercheneriche; li quatre Norhumberland; li quint Estangle. Li reis de Kent regnat sulement en Kent; là est le arcesehe de Kanterberi e la vesché de Rouecestre. Li reis de Westsaxe si aveit Wiltonesire, Berkesire, Dorcestesire, Suthsexe, Suthamtone, Suthereie, Sumercete, Devenesire, Cornewaile, ot .v. evesques: cele de Salusburie ki jadis fu a Chireburne; sele de Seleseie ke ore est a Sicestre; cele de Wincestre e cele de Welles ke ore est a Bath; e cele de Devensire e de Cornewale, jadis furent en deus, l'une a Eridentime e l'autre a Sen Germain, ore est une a Excestre ...

Fin: f.181r   E ce demustrat deus après sa mort, kar il aveit ju en tere .lx. e .xvii. si vout l'abé Aeilward ke dunc fust remuet de là u il jut e mettre ailurs. Cum il le doveit honourablement lever si.l levat follement kar, pour ce que la pere fut trop petite ke il aveit aparilé pour mettre ains le cors, si fist il trencher ce membres pour isi mettre l'enz quant autrement ne poit. Si saut le sanc e seineit al rei cum de un home vif. Li abés ke ce fit fere si perdist le sens e poi après si chaït ke le col li debrusa. Si mist l'um le cors en fertre. Iluc an eire reçut un forgene sun sens, et un orb la vue.

Commentaire: Texte très près de celui du MS Cambridge, Bibl. de l'Université, E.I.1.

[Voir MSS 50, 53, 98, 133.]

471

58. MS 471: fin 14e s. Vélin. ff.2+112.

ff.1r-111r: John Howden (Hovedon), Le Rossignol [1247].

Provenance: f.111v et f.6r dans la marge: la signature de Franciscus Aldrich, membre du Collège en 1554.
ff.111v-122r: deux inscriptions donnant le nom de Matheus (Parker) et la date 1564.

Edition: A.King, A Critical Edition of "Li Rossignos" by John of Howden, Cambridge, 1984 (inédit).

Voir: L.Stone, "Jean de Howden: poète anglo-normand du XIIIe siècle", dans Romania 69 (1946-47), 496-519.
D.Legge, Anglo-Norman Literature, 232-235.
F.Raby, Poems of John of Hoveden, Surtees Society, 1939.
C.Blume, éd., Johannis de Hovedene "Philomena": John Hovedens Nachtigallenlied über die Liebe unseres Erlösers und Königs Christus, Leipzig, 1930.

Début: f.1r   Ci comence la pensée Johan de Hovedene, clerc la roine d'Engleterre, mere le roi Edward, de la neissance e de la mort e du relievement e de l'ascencion Jhesu Crist e de l'assumpcion nostre dame. Et a non ceste pensée Rossignos pur ce ke, si come li rossignos feit de diverses notes une melodie, auci feit cestez livres de diverses matires une acordaunce. Et pur ce enkores a il non rossignos, qu'il estoit fez et trové en un beau verger flori ou rossignol adès chauntoient. Et pur ce fu il faiz que li quor celi qui le lira soit esprys en l'amour nostre seignour. Benoit soit qui le lira. Ceste oevre comence. Ci comence li rossignol.

>   Alme, lesse lit de peresse
>   Et ta langor e ta tristesse.
>   Apreng d'amour la parfondesse
>   E a penser d'amour t'adresse.
>   Oste toi delivrement
>   De vaine amour le marrement;
>   Apreng d'amer entierement
>   Et parlier d'amer docement.
>
>   Jhesu, des saintz la druerie,
>   Leur quor, leur amor e leur vie,
>   Ffai a moun povre engin aïe,
>   Que ta parole enpreigne e die. [f.1v]

Li seint feu de t'amour m'espreigne
Si ke de toi penser m'enseigne.
Ffai de ma langue riche enseigne
Que ta loange ben enpreigne.

Li seint angle vint a Marie
E disoit que le roi de vie
Enfanteroit. Ele le prie
Que de la manere enseigne et die.
Cil li respont sanz demorée:
"Ne soiez pas espoentée!
Enfant averas, virge sacrée,
Du seint espirtz aombrée. ...

Fin: f.110v
... Et tot soit il de povr' affaire
Preng lo, qui tant es debonaire,
Preng le e met en toun aumaire
Dont tote sainte eglise esclaire.
Et a trestoz a qui agrée
D'oïr sovent ceste pensée,
Mostrez leur par droite soudée
En leur mort ta face esmerée.

Cist leivret leur soit garantie
De toz mauz et signe de vie,
Si come li rossignos quant crie
Est signe de sesoun jolie.

Jhesu, des sainz joie enterine,
Ma chanzounete qui termine
T'envoie un salu d'amor fine;
Preng la, doz ami, et l'affine.
Et quant mort me ferra finer,
Facet amours por moi finer
Et me voillez si affiner
Que soie o toi sanz diffiner.

A toi soit honor, roi de gloire,
Fine joie, nient transitorie,
Loange, vertu et victoire.
Einsi termine ceste estoire. [f.111r]
A la roïne, l'esmerée,
Mere au roi Edward, la senée,
Va, chanzon, et, se li agrée,
Li soiez leue et recordée.

Ci finist li Rossignos de Johan de Houdene.

Commentaire: Méditation sur la vie de Jésus Christ écrite au 13e s. par un religieux originaire de Howden, dans le Yorkshire; dédiée à la reine Aliénor de Provence (femme de Henri III), de qui il fut clerc. L'oeuvre n'est pas une traduction du poème latin Philomena du même auteur, mais plutôt d'une autre source latine: Meditationes de gestis Jhesu Christi (" Desere iam, anima"), placée par Migne parmi les Opuscula spuria de Saint Anselm de Lucques (Patrologia Latina, éd. J.P.Migne, 221 vol., Paris, 1844-64; vol. 149, col.591-602):

>Desere iam, anima, lectulum soporis;
>Languor, torpor, vanitas exludantur foris.
>Intus cor efferveat facibus amoris,
>Recolens mirifica gesta Salvatoris.
>
>Mens, affectus, ratio, simul convenite,
>Occupari frivolis ultra iam nolite.
>Discursus, vagatio, cum curis abite,
>Dum pertractat animus sacramenta vite...

f.ii v sur un papier collé sur le vélin, on trouve une traduction en anglais du prologue en prose en face, f.1r; la main est du 16e s., mais probablement pas celle de John Parker, fils de l'archevêque, malgré l'affirmation de Stone, op.cit.

476

59. MS 476: 14e s. Vélin. ff.3+181.

Provenance: De Londres.

Contenu principal: G. de Monmouth, Prophetiae Merlini; Chronica Londinensia etc.

ff.168r-172v: Statut [Edouard I] [le 16 novembre, 1293]. Latin, puis français.

Edition: Statutes of the Realm, The, 11 vol., Londres (Royal Records Commission), 1810-28, réimpr. 1963. Vol.I (1810), Vol.II (1816), Vol.III (1817).

Voir: T.Rymer, Foedera, Litterae et Acta Publica ..., 4 vol., Londres, 1896-69.
H.Nicolas, Proceedings and Ordinances of the Privy Council of England, t.I [1396-1410], Londres, 1839.
H.Maxwell-Lyte, Historical Notes on the Use of the Great Seal of England, Londres, 1926.

Début: f.168r Edwardus dei gratia Rex ... salutem. Cum ad maiorem tranquillitatem pacis ...

[f.169r] Pur ceo qe de jour en jour roberies, homicides, arsons plus suvenerement sunt faites qe avant ne soleyent, e felonyes qe pount estre atteynz par serment des jurrurs qe plus volunters suffrunt felonyes faites as estraunges gentz passer sauntz peyne qe enditer meffesours dount greint partie sunt gent de meisme le païs, ou au moins si les meffesours sunt de autre paÿs, lour recettours sunt del visne e ceo sount il pur taunt qe serment n'est my ore doté as jurours ne au [f.169v] païs ou les felonies furent faites. Quant a restitution des damages, peine quant ne fust purveue pur lur concelement e lour lachesce; nostre seignor le roy, pour abatre le poair des felons, si establit peyne en teu cas issi qe par poür de la peyne plus qe par dute du serment a nulli desormès ne esparnient, ne nule felonie ne concelent.. E comaunde qe solempnement soit la crie faite en toutz countez, hundrez, marchez, feires, e toutz autres lieux od solempne assemblé de gent serra, issi qe nul par ignorance se puesse escuser ...

Fin: f.172v   ... Comaundé est ensement qe chescun homme ait en sa meson armure pur la pees garder solom la aunciene assise, ceo est asaver qe chescun entre quinze aunz e seisaunte soit assis entré as armes solom la quantité de lour terres e de

leur chateus, ceo est asavoir a quinze livre des terres, e chateus de .xl. livres: haubert, chapel de fer, espé, cotel e cheval; a .x. livre de terre e chateus de .xx. livres: hauberioun, chapel de fer, espé e cotel. A cent souchées de terre: parpoint, chapel de fer, espé e cotel. A .xl. souchées de terre e de plus jesqes a cent souchées: espeye, arbeletes e cotel. E qi meyns ad de .xl. souchées de terre, soit livré a fauz gisarme, coteux, e autres meins armes. Et si mains ad de chateux de vynt mars: Espeyes, coteus e autres mains armes, e toutz les autres qe aver
                     [incomplet]

[La première partie est identique avec les <u>Statuts de Wincestre</u> de 1278 environ. Voir MS 482, p.176]

482

60. MS 482: 14e s. Vélin. ff.193. Le début (8 ff.) manque.

Provenance: p.382 "Ex dono dom. J. Moor" (peut-être John Moore, M.A., 1756).

Contenu principal: Statuta Angliae [Edouard I, Edouard II, Edouard III], en latin et en français.

Edition: Statutes of the Realm, The, 11 vol., Londres (Royal Records Commission), 1810-28, réimpr. 1963. Vol.I (1810), Vol.II (1816), Vol.III (1817).

Voir: T.Riley, éd., Munimenta Gildhallae Londoniensis, 4 vol., Londres, 1859-62.
T.Rymer, Foedera, Litterae et Acta Publica ..., 4 vol., Londres, 1896-69.
Calendar of the Patent Rolls: Edward III A.D. 1327-1348, 4 vol., Londres, 1891-1903.
Calendar of the Close Rolls: Edward III A.D. 1327-1349, 8 vol., Londres, 1896-1905.
H.Nicolas, Proceedings and Ordinances of the Privy Council of England, t.I [1396-1410], Londres, 1839.
H.Maxwell-Lyte, Historical Notes on the Use of the Great Seal of England, Londres, 1926.

a) pp.25-64: Incipit Statut. Westminster primum [1275]

Début: p.25   Ces sont les establissementz le roi Edward, filz le roi Henri, faitez a Westminster a son primer parlement general [p.26] après son corounement, l'endemayn de la cluse de pasche, l'an de soun reyne tierz, par son consail et par l'assentement des ercevesqes, evesqes, abbés, priours, countes, barons, et la comunalté de la terre illeoqes somons. Por ce qe nostre seignour le roi ad grande volenté et desir de l'estat de son roiaume dresser et les choses ou mester est d'amendement, et ce pour le comun profit de seinte eglise et du roialme. Et pour ceo qe l'estat de seinte eglise ad esté malmesné et les prelates et les religiouses de la terre grevés en moultz de maneres, et le poeple autrement treet q'estre ne dust, e la pees meins gardé et les leyes menusez, et les meffesans meinz puniz q'estre ne duissent, pour qoi les gentz douterent le meinz a meffaire, si ad le roy ordeiné et establi les choses southescriptes, q'il entent q'eles soient profitables et convenables a tout le roialme.
En primes veot le roy et comande que la pees de seinte eglise et de sa terre soit bien gardé et meintenu en toutz pointz ...

<u>Fin</u>: p.64 ... Pour ce qe grande charité serroit de faire dreit a touz en touz temps mester serreit qe par assentement des prelates assises de novele disseisine de mort d'auncestre et de drein present fuissent prises en l'advent et en septuagesine et en quaresme auxi bien come l'en fait les enquestes et ceo prie le roy as evesqes.

[Voir MS 59, ff.200v-212r]

b) pp.64-75: <u>Incipiunt Statut. Gloucestrie</u> [Gloucester] [1278]

<u>Début</u>: p.64 Por les grans meschiefs, damages et desheritesons qe les gens du roialme d'Engleterre ount einz ces houres suffert par la defalte de ley qe faily en plusours cas en mesine le roialme, nostre seignour le roi, pour l'amendement del people et pour esclure tieles damages, meschiefs et desheritesons, ad purveu et establi les choses southescriptes, et veot et comande qe eles soient desormès fermement tenuz en tout son roialme.

Come avant ces houres [p.65] damages ne feurent agardés en assise de novele disseisine fors taun soulement vers les diffeisours, purveu est qe si les diffeisours alienent les tenementz e neient dount les damages puissent estre levés qe cels en qi mains tels tenemenz deviendrent soient chargés des damagfes, issint qe chescun respoigne pour son temps...

<u>Fin</u>: p.74 ... Purveu est ensement qe le mair et les baillifs avant la venue de ceux deux barons enquergent des vyns vendues en countre l'assise et le presentent devant eux a lour venue, et adonqe soient amverciés là ou ils soloient attendre jeges a la venu des justices errauns.

Donné a Gloucestre le dimeigne prochein après la fest de seint Pere, a la goule augst [?], l'an du regne le roi Edward sisine.

[Voir MS 59, ff.211v-215r]

c) pp.176-186: <u>Incipit Statut. de Wincestre</u> [Winchester] [vers 1278]

<u>Début</u>: p.176 por ce qe de jour en jour roberies, felonies, autres come homicides plus sounvetment sont faitez qe avant ne soleient par my le roialme e les felons ne poent estre attentés par serement des jurours qe plus volunters seoffrent felonies estre faitez as estrangez gents et felons passer sanz peine qe eles enditeer, dont grant partie sont gentz de mesme le païs, ou a mainz si les meffesours soient d'autre païs lour recettours sont del visnée, et ceo sont ils pour tant qe serement ne feut pas doté ne as jurours ne al païs ou les felonies feurent faitez. Quant a la restitution des damages, peine avant ne feut purveu pour lour concelement et lour lachesce ...

<u>Fin</u>: p.186   ... Mes les execucions des conisaunces devant eux ne soient pas faitez par la forme avant dite, mes par la ley et l'usage en la mande pourveue aillours en autres estatutz.

[Voir MS 476, f.169r: <u>Statut</u> de 1293 dont le début du texte est identique].

d) pp.188-200: <u>Incipiunt Novi Articuli</u>.

<u>Début</u>: p.188   Por ce qe les pointz de la grande chartre des franchises et la chartre de la foreste, les quex le roi Henri piere le roi q'ore est granta a son people par le prou de [p.189] son roialme, [ne] unt pas esté tenuz ne gardés des avcant ces houres par ceo qe peine ne feut avant establie en les trespasours countre les pointz des chartres avant dit, nostre seignour le roi les ad de novel granté ...

<u>Fin</u>: p.200   ... De recheff qe les baillies et les hundredz du roi ne des autres grans seignours de la terre ne soient lessés a trop grande somme a ferme par qui le people ne soit grevé ne chargé par contribucions faire a tiels fermes. En somons et en attachementz faire en plee de terre desoremès contigne la somons et l'attachement le terine de .xl. jours a tout le meinz solonc la comune ley, s'il ne soit en attachement des assises prendre en presence le roi ou de plee devant justice en eyre durant l'eire. Soit fait de [eux qe font]

[la suite manque]

e) pp.201-205: <u>Incipit Visum Franciplegii</u> [Frankpledge]

<u>Début</u>: p.201   Primes vous nous dirrez par serement qe vous avez fait si touz les chefs diseyners qe deivent suyte a ceste curt soient venuz come venir deivent et quex ne sont mie venuz come faire deivent, ne lour diseynes. Et si la franchise le seignour soit maintenu come estre deit, ou si ele soit sustret et par qi en temps de quel baillif et par come bien de temps ...

<u>Fin</u>: p.204   ... Des fils de villeins resceyvans coroune sanz congié le seignour, [p.205] de forstallours des marchandises qe achatent au chef de la ville, des herbergeours countre l'assise, de ceux qe oustent leynes de berbicez en faudes la renonsement de nuyt et de jour de qeyf [?] retenu de ceux qe sont demourantz en la franchiseit, pledent de hors la franchise des plees qe soleient estre pledés en la court et sont sustrez et par qi et en temps de quel baillif de ceux qe tiegnent plee de la coroune sanz garant de vivres a tort lencez ou abatuz.

[Voir MS 301, f.101v]

f) pp.232, 321-322: <u>Incipit Statut Lincolni de vicecomitibus</u> [Lincoln]. [Edouard II, 1316].

<u>Début</u>: p.232   Por ce qe nostre seigner le roi et filz le roi Edouard a son parlement tenuz a Nichole a la quinzeine de seint Hillare, l'an de son regne neofisine, par demostrance des prelates, countes et barons et autres grands du roialme somons a tel parlement et par grevouses pleintes du people, entendi grant damage estre fait a luy et trop grevouses oppressions et desheritances a son people par la reson qe menuz sufficantz viscountes et gardenins des hundredz ount esté avant ces houres et uncore sont en la dite roialme nostre seignour le roi willant eschevré tiels malx, appressions et deshiritances, de l'assent des prelates, countes et barons et les grans avantditz, en son parlement purveust et establi qe viscountes desormès soient mises par le chaunceller tresorer et barons [p.321] del escheqir et justice ...

<u>Fin</u>: p.322   ... et adonqes soient faitez par autres covenables et jurées issint qe le people pusse savoir a qi suyre tiels execucions, salve touz jours retorns des brefs a ceux qe les ount et aver deivent.

g) pp.322-323: <u>Incipit Juramentum Vicecomitis</u>.

<u>Début</u>: p.322   Vous jurrez qe bien et loialment serverez le roi en l'office de viscounte et le prou le roi enfreez en toutes choses qe appendent a vous solonc vostre seen, saver et poair et ses dreitures ...

<u>Fin</u>: p.232   ... et vous mettrez voz baillifs des plus loialx du païs, et qe nul baillif ne ministre q'ad esté ove l'autre viscounte retendrez en vostre suite.

h) p.331: <u>Incipit Juramentum Episcoporum</u>.

<u>Transcription intégrale</u>: Le serment de foi alte des evesqes: Jeo serra foial et loial et foi et lealté porterai al roi et a ses heires rois d'Engleterre de vie et de membret de tereue hom countre toutes gentz qe poent vivere et morir, et loialment mostrai et loialment fra les services qe appendent al temperalté d'evesche, de la quele jeo cleime tenir de vous et la quele vous me rendrez si moi eide dieu et les seintz.

i) pp.331-332: <u>Incipit Juramentum Consiliarii Regis</u>.

<u>Début</u>: p.331   C'est le serment des consaillers le roi qe bien et loialment consailleront le roi solonc lour seen et lour poair, et ses consails bien et loialment celeront. Et qe nul accusera autre de chose q'il dirra au consail ...

<u>Fin</u>: p.332   ... et qe, si nul alliance ert, nul fait a son seignourage ou a autre par qoi iol ne puisse cestes choses faire ou tenir sanz ceste alliaunce enfreindre, q'ils le dirront au roi. Et qe nul desoremès eux n'autres alliaunces de serement ne ferra sanz le congé le roi.

j) p.333: <u>Incipit Juramentum Justiciorum Regis</u>.

<u>Transcription intégrale</u>: Le serement des justices est qe bien et loialment servirent le roi en l'office de la justicere et droiture. A lour poair ferront a touz, auxi bien as povres come as riches et qe pour hautesce ne pour richesse ne pour favour ne pour haiour ne pour poure ne pour estat de nuly persone ne pour feat doun ne perivesse de nuly qe fait lour soit ne lour pourra estre faite, autri dretture ne destorberent ne respiterent countre reson et countre les leis de la terre sanz regard de nulyestat ne de persone. Loialment ferront faire droiture a chescun solonc les leis et usages. Et qe rienz ne prendront de nuly sanz le congé le roi. Et puis granta le roi q'ils puissent prendre manger et beivre quant a la jourtiée. Ichi puis ajousta le roi ces pointz al serement, c'est assaver jurrent qe a nule malice de lour compaignons assentirent, mes cele destorberont atant q'ils pourront. Et s'ils ne.l poent faire, ils le mostrent a eux du consail le roi et, s'ils ne.l amendent, eux mostrent al roi mesme.

k) pp.334-335: <u>Incipit Juramentum Clericorum de Canc</u>.

<u>Début</u>: p.334   Tous jurrez qe bien et loialment servirez a nostre seignour le roi et a son people en l'office de la chauncellerie a quel vous estes attisé ...

<u>Fin</u>: p.335   ... ne nul bref qe soit de comandement ne ferrez avant qe mesme le bref soit comandé a vous par comandour qe poair eit, e touz les brefs qe vous ferrez liverez al examinour par vostre mayn demeigne; et nul bref escript d'autri mayn ne liverez al examinement.

l) p.294: <u>Incipiunt Dilationes Curie</u>.

<u>Début</u>: Essoun defalt la terre pris en la main le roi et repleinz dedeinz les .xv. jours. A terce jour appara et demandra veue de terre. Al quatre jour essoun al quint jour vuchera a garant et puis piura le vouche estre essoun en ceste manere ...

<u>Fin</u>: ... et sanz plee recouvra a sa value vers le garant etc.

m) pp.296-297: <u>Incipit Statut. ubi Duellum in Magna Assisa</u>.

<u>Début</u>: p.296   Ore fait assavoir ou bataille et grande assise se joignent, ou bataille se joint et grande assise nient, et ou grande assise joint a bataille et ou l'un ne l'autre bataille ne grande assise ne [p.297] se joignent entre parentz ...

<u>Fin</u>: p.297   ... ou par agard des justices si pourront ils consentir en une jurré de .xii. foialx et loialx hommes en lieu de grande assise pour esprover le travaille et le serement de .xii. chivalers etc.

n) pp.298-306: <u>Incipit Statut. de Scaccario. [Chester]</u>.

<u>Début</u>: p.298   Le roi veot qe toutes maneres de baillifs, viscountes et autres ministres, auxi bien le justice de Cestre, come les baillifs des joles [?] et autres de totes maneres de rescettes des issues des grandes et des eschetes de lour baillies soient responant al escheqir et illoeqes rendent acompte al tresorer ...

<u>Fin</u>: p.306   ... Et ceux del escheqir de la somons par touz les countes, salve ce qe les estreces de eyre des justices de touz plees soient luverés meintenant après l'eire faite.

[Voir MS 37, ff.75v-76r]

o) pp.306-308: <u>Distinctiones eiusdem</u>.

<u>Début</u>: p.306   Por ce qe la cominalté du roialme ad eu grandes damages par torcenouses prises qe ont esté faitez par viscountes et par autres baillifs ...

<u>Fin</u>: p.308   ... tout la dette ou partie qe mes ne viegne en somons qe viscounte avera conu soi avoir resceu.

p) pp.287-288: <u>Incipiunt de quo Warranto tercio. [Edouard I, 1290]</u>.

<u>Transcription intégrale</u>: C'est bref qe dit qe Warranto establist nostre seignour le roi le jour de la pentecoste l'an de son regne .xlviii. qe touz ceux qe cleiment quite possession de franchise avant le temps le roi Henri sanz enteruption et ceo pussent mostrer par bon enquest, bien se joïsent de cele possession. Si cele possession soit demandé par reson, nostre seignour le roi le confermera par title et touz q'ount eu charges de franchises soient celés franchises solonc la tenure et la forme de mesme celés chartres. Et touz qe ount perdu lour franchises puis le pentecoust darrein avant dit par l'avant dit

-156-

bref en la forme avant useee [p.288] en plee, de l'avant dit bref eient restitution de l'avant dite franchise perdu et de rothes pledent solonc la nature del presente constitution etc.

q) pp.267-268: <u>De Wardis et Releviis</u>.

<u>Début</u>: p.267   Ore fait assavoir qe là ou releef serra doné, illoeqes apent garde ...

<u>Fin</u>: p.268   ... La terce mande est là ou il ad terre en sa manin en noun de garde et n'advune l'eir, donqe portera il bref a demander l'eir sanz garde.

r) pp.268-270: <u>De Libertate perquirendi de gratia regis</u>.

<u>Début</u>: p.268   Fait assavoir qe le roi ordena a Westmuster le primier jour d'april, l'an de son regne .xxvii., qe ceux qe voudrent purchacer novel park, et gentz de religion qe voudrent terre ou tenement amortir ...

<u>Fin</u>: p.270   ... Et pour remembrauce de cestes choses est ceste endenture faite en trois parties, dount l'une demeort en la chauncellerie, l'autre al escheqir, et la terce en la garderobe.

s) pp.270- : <u>Incipit Modus levandi Fines</u>.

<u>Début</u>:   Avant, le bref original soit lieu en presence des parties devant justice, donqe dirra un counttour issint: "Sire Justice, congé d'accorder." Le Justice luy dirra et qendurra Sire Robert et nomera un des parties, dont quant ils serront con gentz de la somme de la pecunine q'ert donée au roi, Donqe dirra le Justice: "Criez la pees", et puis dirra a la countour issint: "Qe la pees est ycele a voz congés qe William et Alice sa femme qe cy sont reco-

[incomplet; la suite manque].

t) pp.235-236: <u>Incipit Statut. de Assisa Cervisie</u>.

<u>Début</u>: p.236   Avant, le quatre de furment se vend pour .iii.s. ou pour .xl.d. et orge pour .xx.d ou pour .ii.s., et aveinez pour .xl.d., donqe peot la braceresse vendre en citeees .ii. galons de cervoise a .i.d. et en burghes .iii. galons a .i.d. ...

<u>Fin</u>: p.236   ... si come devant est dit. Et s'il passe outre, il suffra juyse de pillorie sans ascun redempcion d'argent etc.

u) pp.237-238: De Admensuratione Terrae.

Début: p.237   Quant l'acre de terre ou de prée contient .x. perches en longure, donqe contendra en l'eise .xvi. ...

Fin: p.238   ... donqe .v. .vii. pees et .vi. quant .xxx., donqe .v. .vii. pees.

v) pp. -309-314: Al honour de dieu: Anno primo.

Début: [manquent les Ch.I-IV et le début du Ch.V].

Suite: p.309 [Ch.V]   esté leveez a grant damage du people, le roi wot qe de tiels issues avericientez soit fait, ceo qe par son dit piere feut au tresoir graunté ...

Fin: p.314 [Ch.XV] ... issint qe l'un del enqueste puisse demostrer l'une partie del endenture a les justices quant ils vendront pour la deliverance faire.

w) pp.314-320, 337-341: Incipit Statut. come Hugh le Despenser [Edouard III,, 1327].

Début: p.314   Come le Despenser le piere et Hugh le fitz n'ad gaires a la suyte Thomas de Lancastre adonqes counte Lan- [p.315] -castre, de Leycestre, et seneschal d'Engleterre, par comune assent et agard des piers et de people du roialme, et par assent du roi Edward piere nostre seignour le roi q'ore est, come traitours et enemys du roi et du people feussent exilés, desheritez et baniz hors du roialme ...

Fin: p.341   ... por ce qe justicer ne deivent ils estre, ne record avoir for qe en eyre. Doné a Westmuster le .xlvii. jour de mars, l'an du regne le dit roi Edward q'ore est primer.

[Voir MS 362, f.1r]

x) pp.341-347: Incipit Petitiones de Querela. [Edouard II, 1308].

Début: p.341   Fait a remembrer qe, le terce jour de ffeverel l'an du regne le roi Edward filz au roi Edward filz au roi Henri primer, feurent moustrés en parlement adonqes tenuz a Westmuster aucunes petitions par les chivalers et la [comunalté] de la querele le counte de Lancastre ...

Fin: p.347   ... prie le Priour del hospital de seint Johan Irliun en Engleterre qe, come les terres et les tenemenz qe feurent al Temple soient par estatut ordeinés et livrés al dit hospital, qe mesme ceux terres et tenemenz soient forprises en l'estatut et en les brefs qe serront faites a les gentz desheritez pour lour terres reavoir. Traunser acordé est par prelatz qe la forprise face des terres du Temple en chescun bref.

y) pp.347-354, 249-253: <u>Incipit Statut. de Norhampton</u> [Northampton]. [Edouard III, 1328]..

<u>Début</u>: p.347   Nostre seignour le roi Edward le tierz après la conquest a son parlement tenuz a Norhampton a trois dimaignes de pasche la de son regne secunde, desirant qe la pees de sa terre et les leys et les estatuz avant ces houres ordeinés et usées soient gardés et meintenuz en toutz pointz ...

<u>Fin</u>: p.253   ... [Ch.XVI] Aussint est acordé et establi qe bref de destente soit maintenun et lieu tiegne auxi bien en cas de garnissement qe touche plee de terre ou ciel. Garnissement est doné come en cas de somons de plee de terre etc.

z) pp.253-264, 355: <u>Incipit Statut. Westmuster quartum</u> [Edouard III, 1330].

<u>Début</u>: p.253   Al parlement somons a Westmuster le lundy procheyn après la fest de seinte Katerine l'an du regne nostre seignour le roi Edward tiercz après la conquest quart, si sont les choses souz escriptes a la request de la comunalté ...

<u>Fin</u>: p.355   ... [Ch.XVI] si est acordé qe les viscountes lessent desore les hundredes et wapenteks al aunciene ferme et ne mie outre; et qe ses Justices assignés eient poair d'enquere sur les viscountes et de punir ceux q'ils troverent se faunt le contrarie.

aa) pp.355-366: <u>Incipit Statut. Westmuster quintum</u> [Edouard III, 1331].

<u>Début</u>: p.355   Al parlement somons a Westmuster l'endemein de seint Michel et l'an de son regne le roi Edward tierz après le conqueste quint, si ad nostre seignour le roi, pour assent des prelates et countes, barons et autres grauns du roialme illoeqes assemblés, al honour de dieu [p.356] et de seinte eglise et a la request de son people, graunté et establi les choses soutz escriptes ...

<u>Fin</u>: p.366   ... et en cas qe les viscountes et les baillifs des franchises n'averont pas enquis de tieux arestuz, nient meinz facent les Justices enquere et autre aillent a la deliverance com desus est dit.

bb) pp.366-374: <u>Incipit Statut. Ebori anno nono.</u> [York]. [Edouard III, 1335].

<u>Début</u>: p.366 Come avant ces houres en plusours parlementz et ore dreiner au parlement somons a Euerwyk l'endemayn [p.367] del Ascension l'an du regne le roi Edouard tierz après le conqueste .ix., par les chivalers des countées meinz des citées et burghs et autres lieux de son roialme ...

<u>Fin</u>: p.374   ... qe les dites record et par ces deners eux pour mander al escheqir come avant soloient etc.

cc) pp.374-376: <u>Incipit Concordia et Ret. Malorum.</u>

<u>Début</u>: p.374   Rex [commence en latin] ... Acordé est par nostre seignour le roi, prelates, countes et autres grauns du roialme en plein parlement, chescun des ditz grauntz eut especialment examiné et a ceo assentant qe nul graunt de la terre defore ne retiegne en meynage n'en teynage ...

<u>Fin</u>: p.375 ... et de ceo ferront paiement solonc ceo q'estoit autre foiche ordeiné par estatut ... [la fin est en latin].

dd) pp. 376-382: <u>Incipit de Cartis et Provisoribus.</u> [Edouard III, 1336].

<u>Début</u>: p.376   Por ce qe nostre seignour le roi Edward tierz après le conquest qe desire sovernelement le meintenance de sa pees et salvacion de son people ad entendu a la pleinte ...

<u>Fin</u>: p.382   ... et auxint soit fait en chescun autre cas ou home se voudera pleindre d'errour fait devant mesme les seneschal et mareschal del dit hostiel le roi etc.

ee) pp.382-401- : <u>Incipit Statut. a Honour de Dieu. Anno .xiiii..</u> [Edouard III, 1340].

<u>Début</u>: p.382   A honour de dieu et de seinte eglise, par assent des prelatz et countes, barons et altres assemblés au parlement tenuz a Westmuster le meskerdy proscheyn après my qaresme l'an du regne nostre seignour le roi Edward d'Engleterre .xiiii. et de Ffraunce primer, si ad le roi, pour ease et quiete de son people aussibien as grauns come as petiz, grauntee et establi les choses souzescriptes, les quex il veot q'ils soient tenuz et gardés en touz pointz perpetuelment a durer ...

-160-

Fin: p.400 ... et auxi des bons gentz du païs qe sont mus en panel par qoi est assentiz et establi qe qi ceo soit, qe demande le <u>nisi prius</u> en Baunc ...

[L'écriture de la dernière page 401 est très fanée et presque impossible à déchiffrer même à la lumière ultra-violet]. Le texte est incomplet et la suite manque.]

<u>Commentaire</u>: L'ordre des feuilles ne correspond plus à l'ordre original, car le MS fut mal relié au 18e s. L'ordre actuel est comme suit:

Assemblage	Pages
2-15	17 -232
22	321-336
20	293-308
19	277-292
18	265-276
16	233-248
21	309-320
	337-338
23	339-354
17	249-264
24-26	355-400

Au début du manuscrit, on lit l'inscription suivante: "Upon a more attentive perusal of this Book I find that the Instruments appearing in some places imperfect is owing to their having been seperated [<u>sic</u>] and misplaced in the new binding of the same and I believe the only part imperfect is at the beginning where there seems to want 15 or 16 pages.
J.Moore

Where the Chapters are improperly plac'd I have referred to the continuation either forwd. or backwd. as they occured thro'out the Book."

Néanmoins, quelques pages manquent.

494

61. MS 494: 15e s. Papier. ff.117.

<u>Provenance</u>: "Ex dono dignissimi viri Johannis Boothe Collegii Corp. X^{ti} in Cant. dudum socii" [John Boothe 1627-40].

<u>Contenu principal</u>: traduction en anglais de <u>La Somme le Roy</u> de Frere Laurent (Laurent d'Orléans) 1279: "This book compyled and made yn Frensch a Frer Prechour at the requeste of Phylypp the King of Fraunce the yer of th'Yncarnacion of our Lord m^1 cc lxxix." A comparer avec la traduction anglaise sous le titre <u>Ayenbite of Onwyt [or Remorse of Conscience]</u>, éd. R.Morris, EETS, 1866.

<u>Feuilles de garde</u>: Fragments de 2 feuilles de deux MSS différents du <u>Lancelot en prose</u>:
    Bv: éd. Micha, II, 23-25.
    Br: éd. Micha, II, 25-28.
    Av: éd. Micha, II, 28- III, 1
    Ar: éd. Micha, III, 2-5.

<u>Edition</u>: A.Micha, <u>Lancelot, roman en prose du XIIIe siècle</u>, 9 vol., Paris, 1978-82.
    E.Kennedy, <u>Lancelot do Lac</u>, 2 vol., Oxford, 1960. [trad. F.Mosès, <u>Lancelot du Lac</u>, Paris, 1991].

<u>Voir</u>: G.Hutchings, <u>Le roman en prose de Lancelot du Lac: le conte de la charette</u>, Paris, 1938 [réimpr. Genève, 1974]
    F.Lot, <u>Etude sur le Lancelot en prose</u>, Paris, 191
    Bossuat I 1936-2028; II 6397-6414; III 7580-7618; IV 3941-3974, 4016-4047.

<u>Extraits</u>: f.Bv ... quant il pot parler, si dist a son [mes]tre: "Beau mestres, quel perte puet [ce estre?] Dites le moi: ai ge perduz nul [de] aimis charnex? Sour la foi que [vous me] devez, voz conjur que riens ne [me] cele. - Nenil, sire, la merci deu; voz [n'av]ez nul perduz." Et Galehout hur[te le pa]lefroi des esperons et comance a [aler] là ou il encontre ses chevalers, si les baise et fait sanblant d'estre mout liez, [kar] il velt touz decouvre de son panssé. [Et là] ou il voit son mestre, si li sourit et [crosle la] teste et dist: "Beaus mestres, jusques [al jor] d'ui voz ai ge tenuz pour sage, et pour [   ]es; mes or ne voz i tien ge mie. Cuidez vos que nulle perte me soit [   ] pour ce que ele ne fust de chouse [qui] dou cuer me tenist? Itant puis ge [or bien sav]oir que ceste perte est de terre ou [d'avoir] et tant me deussiez voz conoistre [qu'onqu]es encore pour gaignier terre ne a[   ]nt mes cuers autre joie, ne de [   ]traise dolor. Mes des ores mes poez dire quele la perte est ...

f.Ar ... et l'onor et la droiture vostre dame voi ge que soit sauvé par tot ou elle sera. Mais tot avant vox saurroie ge bon gré se voz me dissiez la [mal]vestié qui en moi est, pour coi ge per a estre li plus proudoume dou monde. Et après m'aprenez de vostre dame q[ui   ] ge li puis avoir meffet ...

Commentaire: La fin du fragment Br dépasse de quelques lignes le début du fragment Av. [voir Ms 45]. Il s'agit donc de feuilles prises de deux MSS différents du Lancelot, mais à peu près du meme endroit dans le texte. Ceci est une circonstance rare, difficile à comprendre. Les marges sont coupées et le texte est effacé par endroits, rendant difficile la lecture.

511

62. MS 511: fin 13e s. Vélin. ff.141.

<u>Contenu principal</u>: Traités de médecine.

<u>Voir</u>:   T.Hunt, <u>Popular Medicine in thirteenth-century England</u>, Cambridge, 1990.
       Bossuat I 2992--3004.

a) f.113r: Recettes médicales, dont une en français:

<u>Texte intégrale</u>:   Icci sunt le .xxxiii. chapitres pour rancle. Pernez herbe beneyt et feneriole .i. lemeth. Si les triblez et puis les friez mult ben ouch su de mutton et fetes un emplaster al remkel.

b) f.141v: Recettes médicales, dont trois en français.

<u>Extraits</u>:

<u>Pour la chaude goute</u>: Prenez de mastik un quarteron, de bole aromatik .i. quarteron, de blank encens lib. .i., de sclato blank lib. .i., de [   ] demi quarteron, de virre demi quarteron, de cire noncle[   ]ne demi livre, de gresse de pork ou de veer demi livre, de castereo demi quarteron, de baume ... Et doit issi estre fet: le bole doit estre triblé en un morter et doit ester mis a les autres receistes avant nonnes après ceo k'eles soient bien triblez et bien boillez et bien calez par mi un drap de linge ou de canavasce.

<u>Pour freide [goute]</u>: Prenez feves et ostez l'escorch de par dehors et prenez autant de comin en ouel porcion et triblez les bien en un morter. Et puis fetes les boiller ovesk lecce douce de vache, et puis si chaut est vous poez suffrir metre sur la goute.

<u>Pour chaude [goute]</u>: Prenez plantaine et semence de lin en ouel proporcion et triblez ensemble et puis le friez ovesk su de motoun novel, et presse, et metez le chaut sur la goute; et vous vaudra.

<u>Commentaire</u>: Des plis dans le vélin et enplus une marge trop étroite empêchent par endroits la lecture.

[Voir MSS 150, 297, 301, 335, 388, 405, 451]

E-6-14

63. Imprimé E-6-14: [J.Brentius, <u>Esias Propheta Commentariis Explicatus</u>, Francfort (Petri Brubachii), 1550].

   Fragments de deux feuilles retrouvées dans la reliure: 13e s.

   a) Av-Ar: <u>Garin le Loherain</u> (fin 12e s.); vers 2629-2713 & 2714-2797.

   <u>Edition</u>:   E. Du Méril, <u>La mort Garin le Loherain</u>, Paris, 1846, 125-133.

   <u>Voir</u>:   J.Vallerie, <u>"Galerin le Loherain", according to Manuscript A (Bibl. de l'Arsenal 2983)</u>, New York, 1947.
         A.Gittleman, <u>Le style épique dans Garin le Loherain</u>, Genève, 1967.
         Bossuat I 385-395; II 6076-6079; IV 1147-1163.

   <u>Extrait</u>:

   f.Av: [L'esp]ervier laisse, ne li chaut qui le prit;
           [Son] oncle embrace qui seur le cheval gist;
           [Molt   ]oiement a la terre le mist;
           [Sangl]ent li baise et la bouche et le vis.
           [Cil chevalier] esgardent Fromondin,
           [Molt se mer]veilient de ce qu'il fait iqui;
           [Il cui]dent bien mort soubite l'ait pris;
           [   ]rt vinrent et a plors et a cris.
           [   ]se en ot Fromons li posteis,
           [Dedans] sa chambre ou il estoit assis;
           [A sa] vois haute a escrier s'est pris:
           ["Alez as] armes, franc chevaler gentils,
           [Je cuit] ce sont mi mortel anemi
           [Qui a] ma porte me vienent assaillir;
           [Si m'a]ït diex, mar en ira .i. vis."
           [-"N'i] sont, biaus niez", celi dist Savaris:
           [   ] autre sen covient le plait vertir.
           [C'est] vostre freres Guillaume li Marchis,
           [   ] le porte gist li vassaus ocis.
           [Ent]re les bras le tenoit Fromondins;
           [From]ons se pasme tantost com il le vit.
           [Il le] regrete com ja porroiz oïr.
           ["Ta]nt mar i fustes, frans chevalers gentis;
           [Qui v]us a mort, il n'est [as mes amis.
           [Ne pl]ace a dieu qui en la crois fu mis
           [Que] faite en soit acordance ne fins,
           [   ]t cum en fiert de mon branc acerin,
           [Et q]ue l'on fende entresi qu'ens ou pis!"

[A ce]s paroles font le corz enfoïr,
[   ]eur Oedon qui fu de Saint Quentin,
[c]ele part ou gisoient si fill,
[Et si] neveu .iii., iiii., ou .v. ou sis.
["Dex"], dist Fromons, "ci gisent mi ami."
[Pui]s s'en retorne sus ou palais marberin.
[Ilue]c commence et li dielx et le cris.
[Adonc] parla Guillaumes de Monclin:
["Sir]e Fromons, merveilles puis oïr;
[Qua]nt tramesistes Begon q'ert de haut pris
[A M]es la grant, au Loherent Garin,
Delez la biere ou li dus ert assis
Il vit plorer ses homes et Garins.
Conforte les com chevalers gentis;
Mors est Guillaumes de Blancafort la cit,
Et mors est Oedes li bers de Saint Quentin;
Si as perdu ce q'as engenui.
Prenez .i. mes, si l'envoiez Garin:
Trieve et acorde mandez au marchis;
L'un mort seur l'autre soit en eschange mis;
Acordez vous si soiez bon ami.
Se ceste guerre dure longes ainsi,
Vous i perdroiz de voz millors amis,
Et il des suens, qu'il n'i porront faillir.
Fromons l'entent, a po n'enrage vis;
Il joinst les piez, contremont est saillis;
De maltalent li est li vis rougis:
"Filz a putain, ce que est que tu dis?
Bien le savoie, se damediez m'aït;
Tex se faisoit de la guerre aatis;
Ja a son col n'en sera escus mis."
Donc a parlé l'orgueillex Fromondins:
"Peres", dist il, "entendez envers mi:
Pleüst a dieu qui onques ne menti,
Vostre grans sens creüst au mien petit!
Se vostre gent me degnoient servir
Jusqu'a un an, sachiez, et un demi,
Vous renderoie le Loherant Garin,
Mort et senglant, ou retenu ou pris."
–"Hé! diex! aïe!", li cuens Fromons a dit,
"Alez avant, li grant et li petit;
Feauté faites mon enfant Fromondin,
Se li aidiez sa guerre a maintenir."
Et il s'i firent volentiers, non envis.
Fromondins semonst et mande ses amis;
Tant en assemble que furent .xv.m.
Ains ne fina deci a Cambrai vint.
En l'avantgarde fu Bernars dou Noisil,
Fourques et Hues, et li cuens Jocelins,
Et Galerans, et ses freres Gaudins,
Et Clarembaus, icil qui Venduel tint.

Ar   Li forrier corrent par trestout le païs;
      Lievé la noise, si enforce li cris.

                    Hues s'en ist quant il oï les cris;
                    Mult fist que folx, mauvais conseil enprist;
                    En sa compaigne chevalers .iiii. vins;
                    Jusqu'as Ardans ne prist il onques fin.
                    Là veissiez .i. mult fier poigneïs;
                    Plus de .xl. leur en sont ocis,
                    Seur les batailles les mainent desconfis;
                    Fromons point quant il les vit venir.
                    Parmi .i. val, decoste .i. pin flori,
                    Entre Huon et la vile se mist;
                    Se diex n'en pense, Hues sera ocis
                    Quant l'encloent si m[ort]el anemi.
                    Uns chevalers vint a lui, si li dist:
                    "Hé! gentils sire, que faites vous ici?
                    Vous i estes mors, pensez vous garir." ...

   b) Bv-Br: <u>Gerbert de Metz</u> (fin 12e s.); vers 2331-2412 &
2413-2492.

   <u>Edition</u>: P.Taylor, <u>Gerbert de Metz</u>, Lille, 1952, pp.61-
71.

   <u>Voir</u>: E.Stengel, <u>Hervis de Metz</u>, Dresden, 1903.
           H.Green, <u>Anseïs, fils du roi Girbert</u>, Paris,
1939.
           A.Adler, <u>Rückzug in epischer Parade</u>, Frankfurt
am Main, 1963.
           F.Bonnardot, "Essai de classement des manuscrits
des Loherains suivi d'un nouveau fragment de <u>Girbert de Metz</u>",
dans <u>Romania</u> 3 (1874), 195-262.
           Bossuat I 443-447; II 6087-6089; III 7164.

   <u>Extrait</u>:

   f.Br   En son escu ala ferir Seguin;
            .i. trons de lance li mist par mi le pis.
            Li bers trabuche, a terre morz chaï;
            Li dus Gerbers a le destrier saisi.
            Ains ne fina jusq'a Guvuré en vint,
            Puis il a dit: "Montez, biaus douz amis;"
            Et cil monte, qui volentiers le fist.
            Tant demora li dus Gerbers enqui
            Que dans Fromons de Bordelois issi.
            Joie ot Gerbers quant il Fromont choisi,
            Et dist as suens: "Chevauchiez a loisir;
            Parmi cest val faites les noz guenchir.
            N'en aiez garde tant con je soie vis."
            Li dus Girbers de l'autre part veniiz;
            Aubri apele son oncle et son ami:
            "Issiez vous en por dieu, sire cousins."
            Ains ne sot mot Fromons li posteïs

Que Bordelois soient en l'agait mis.
De l'autre part i rest venus Gerins.
De toutes pars les ont si entrepris,
Plus de .xl. lor en i ont ocis.
Mult en abat li Borgoins Auberis;
Au poins tint la grant hache Hervis;
Cui il ataint, touz est de la mort fils.
Ses cors meismes en ocists plus de .x.
Malement sont Bordelois entrepris;
Parmi ces chams fuient comme brebis;
Jusq'a Bordeaus ne volrent penre fin,
Mais a l'entrée fu granz li fereïs,
Si fu navrez Guillaume de Monclin.
Abatuz fu Garins et Fromondins;
Mien ensiant, amedui fussent pris.
Les haubers q'orent, hors des dos les ont mis
A mult grant paine por .i. fossee saillir.
Ou vergier entrent, par or furent gari.
A Gironvile li dus Girbers en vint;
Grant eschac ot gaaignié et conquis.
Qui prant avoir, ne li fu contredit.
Ne demora c'un seul mois et demi
Que Audegons de cest siecle parti.
Herviz se rent; moines fu de Cliugni.
Doon, son frere, de sa terre a vesti.
Li dus Girbers a sa gent departi;
Droit en Borgoigne s'en reva Auberis.
Li cuens Fromons mena puis Girbers si,
Tous ses chastiaus et ses murs abati
Fors Gironvile qu'il orent bein garni.
Girbert guerroie com chevalers gentis;
De la grant terre, dont Fromons fu saisis,
Li dus Girbers le retriboula si.
Sovent li fait crier dolereus cri
Dont mainte dame remestrent sanz mar[i].
Li Loherant font Bordelois grant guer[re];
Sovent chevauchent au matin et [al vespre].
Mais entre ax tous n'ont qu'un sol repei[re]:
Cil est li fors que mieilores ne puet e[stre],
Que dou palais puet on veoir Bordele.
Quant la porte oevre, li païs est en guerre;
Quant ele clost, si est en païs la terre.
Li cuens Fromons le prant sovent a [sa guerre];
Manda ses homes de par toute sa terre.
Et soldoiers que sont d'estranges terres
Tant qu'il en ot plus de .xx.m. a elmes;
Ces sieges met si lor destruit la terre.
Gironvile est fremée en .i. rego[rt],
Seur une roche dou tens enci[enor];
La mer salée li bat au pié de so[r].
De l'autre part Gironde lor i court.
Li viex Fromons les assaut par vigou[r] ...

Commentaire: Les marges ayant été coupées, il manque une partie des vers à gauche de la page des ff. Av et Bv, et à droite de la page des ff. Ar et Br.

EP-D-6

64. Imprimé EP-D-6: [Herolt, <u>Sermones discipuli</u>, Strasbourg (Martin Flach), 1492].

    Fragments de deux feuilles retrouvées dans la reliure: 13e s.

    <u>Partonopeu de Blois</u>:

Br: vers 3151-3270
Bv: vers 3271-3392
Ar: vers 3877-3996
Av: vers 3997-4120

<u>Edition</u>:   J.Gildea, 2 vol., Villanova, 1967-70.

<u>Voir</u>:   Bossuat I 1381-1387; II 6252; IV 2464-2471.

<u>Extrait</u>:

    f.Br, vers 3232-3248:

> Preudome sunt cil ki la font
> E por grant ocoison i sont,
> Si a duré tres le matin
> Deske solaus va a declin,
> E qu'il torne a la vesprer,
> Dont veïssiés cascun pener.
> Irié sunt mult e neporquant
> N'i a orguel ne mal sanblant,
> N'en trestote lor contençon
> N'ot mot dit se mesuré non.
> Li rois sa besagüe tient
> Et vers Parthenopeu s'en vient
> Par son la penne del escu
> L'a del brant en l'elme feru
> Un cop si dur e si cariant
> C'a paines remaint en estant.
> Le hiaume li a endoblé
> Por .i. petit ne l'a fausé.
> Parthonopeus refiert lui si
> Amont en l'elme cler forbi,
> Si l'a si en esclent feru
> Que tot li las en sont ronpu.
> Li hiaumes li ciet en la place
> E del brant i pert la trace.
> Li rois s'aïre et se.l requiert;
> Et en l'escu grant cop le fiert,
> Que plain doi est la besagüe ...

SP 257

65. Imprimé SP 257: [T. de Vio Caietanus, <u>Contra Lutheranos Quaestiones</u>, Paris, 1530].

Fragments de deux feuilles retrouvées dans la reliure: 13e s.

<u>Traité anglo-normand sur les Péchés mortels</u>. [Sur les vices et les vertus, les dangers de l'illégitimité, les fonctions du prêtre, les oeuvres de charité etc.].

<u>Voir</u>: G.Peraldus (Guillaume Perault), <u>Summae virtutem ac vitiorum</u>, Anvers, 1587.
William de Wadington, <u>Manuel de Pecchez</u>, éd. J.Arnould, 1940.
H.Bloomfield, <u>The Seven Deadly Sins</u>, Michigan, 1952.

<u>Extraits</u>:

f.Ar: Orguil fist chaïr Lucifer
Pur ce ky il woit Deu resemler;
E pur ce ky il woit en songe ser,
Avail le fist trebucher,
Et fist un tres deble saut
Bas en anfern de ceil moult haut.
Encuntre deus le accidius
Mesprent che orgulus
Et home contre sey par glutenie,
Pur nierté [?] e lecheri[e].

Invidia

Encontre son preme par envie
Kant en cherité ne l'eyme mie,
Einz le greve [sanz] deserte;
Par pité il hunte operte
E a tort li sordist blame.
Par unt il pert sa [bone] fame.
Ensi chet en fange [?] et en ire
Par unt a li grant mal desire.

Cupiditas

Un peché ansi mute gwise
Encontre autre par conveitise
Aver a tort del autrui ben
Sanz partir a li del sen.

[Item de Cupiditate]

E ke [?] unt treis manieres de vices
Ke pecheor fet cum nices;
Treis mult durs executors
Ke d'alme perir sovent le curs
[   ] toz forz enemiz.
Le diable i est primers asis,
E puis del hom sa char demeyne,
Ke mult i met par la simeyne
E le ters si est le [mund]
[   ] ke en li sunt.

Le diable entice home a peché
[   ] char blandie ke est de celée ...

f.Av   ... Kar [   ] grant confort
Amont el ceil e duz desport.

Le sime ky est debonere,
Ky heet autri meffere,
Cil sera riches sei environ
De terre e de possession.

Le septime est povre d'espirist
Ke en richese n'ad nul delit;
Le regne avra amunt al ceil
Ke cent tant est plus duz [   ]
E ky ennuye suffre a autri tort,
Le ceil avra e grant confort.

[Tertia subst.]

[Et] cest escrit par amunt
Ou vertuz, vices, noté sunt,
Est la cure ke deit saver
E checun prestre en sun mester,
E il deit aver oyle e vin,
Ke en sa cure seit bon et fyn
Encontre playes e maladie
Ke pecheur mult forment lye;
Ke vin ke point pur mester
Le playes ke il entent saner;
Le oyle pur asuager
La dolur e pur ameiniser;
Yol e dur i mettera
As plaes k'yl sanera.
Solum d'autri repentance
Mettre deit il alegance
E son solaz e sun confort
Ke al peché neit mes resort.
Tel medicine deit doner
Ke puce le peché munder ...

f.Br ...	Si engendré est hors d'esposale,
Mortel peché est sanz faile.
Dedenz la mere sera nuri
En sanc ke est demy porri;
E kant lung tens le avera porté,
O grant angwyse serra né.
E pus si sera en aventure
O travail nuri e grant cure,
E bem put estre ke de oé
Ke malement est pourchascé
E pus c'en murt en grant poür,
En tristesce e en dolur.
E bem put estre, vet en enfern
Sanz ya après aver,
E est sa char a verms viande
Si cum nature le demande.
E bem put estre, s'il est née,
Ke dessuns sera mangé,
O en tel liu occis i ert mis
Ke mangé serra de mastins,
De chens o de osseaus volant
Ke n'i remendra taunt [?] ne partie;
O put maudire tut sun aé
Ke unkes fu de mere né.

A peyne passera nul jor
Ke home n'eit ici dolur
E ky il ne seit de quer esmeu
Par angwisse et par annue.
Home deit de ceo penser
Pur la sue alme sauver,
Ke sa alme est a premu [?]
Kant la veit son creatour
Per as angeles de là munt,
Ky en ceil devant deu sunt
E ke par alme Jhesu Crist
Ky de Marie pour li char prist ...

f.Bv ...	As fameles doner poture
E al nu doner vesture;
A ky seif ad, doner a beivre,
Ke le puce louer receivre.
Les overes de cherité
Al cors aider sunt noté.

[Opera caritatis spiritualis]

A charité espiritele
Deit le ayde estre icele:
De estrere la laline [?] de ostirrté [?]
Par peché tolir et yaufesté.
Issi malades visiter
Ke lur pechés pussent oster
Ke la oweyle perdue

Seit a la faude rendue.
Al famelus doner del pain
Dunt il seit de son alme sein;
Del duz pein de enseynement
E de bon ensample tot ensement.
De bons murs de seinte vie
Akun [?] pas de vice en vilanie.
A celi ki ad cef, doner a besvere
Ke grace de deu puce recevere.
Al nu doner vesture
Ke a alme seit enfuere.
Parfeit de bones overaynes
Amboues en couvert e en pleynes ...

*****
****
***
**
*

Bibliographie

Bibliographie.

a) La bibliothèque Parker:

J.Nasmith, Catalogus Librorum Manuscriptorum quos Collegio Corporis Christi et B. Mariae Virginis in Academia Cantabrigiensis legavit Reverendissimus in Christo Pater MATTHAEUS PARKER, Archiepiscopus Cantuariensis, Cambridge, 1777.

M.R.James, A descriptive Catalogue of the Manuscripts in the Library of Corpus Christi College, Cambridge, 2 vol., Cambridge, 1912.

R.Vaughan & J.Fines, A Handlist of Manuscripts in the Library of Corpus Christi College, Cambridge, not described by M.R.James, réimprimé des Transactions of the Cambridge Bibliographical Society 3 (1960).

S.Gaselee, The Early Printed Books in the Library of Corpus Christi College, Cambridge. A Handlist, Cambridge, 1921.

M.R.James, The Sources of Archbishop Parker's Collection of MSS, Cambridge (Cambridge Antiquarian Society), 1899.

C.Wright, "The Dispersal of the Monastic Libraries and the Beginnings of Anglo-Saxon Studies", dans Transactions of the Cambridge Bibliographical Society 1 (1951), 208- .

***

b) Histoire du Collège Corpus Christi:

J.Josselin, Historia Collegii Corporis Christi (1569), ed. J.Clark, Cambridge (Cambridge Antiquarian Society), 1880.

R.Masters, The History of the College of Corpus Christi and the B. Virgin Mary, Cambridge, 1753.

J.Lamb, Master's History of the College of Corpus Christi ... with additional Matter and a Continuation to the present Time, Cambridge, 1831.

P.Bury, Corpus Christi College, Cambridge: a History 1822 to 1952, Cambridge, 1952.

***

c) Bibliographie générale:

i) Articles par Paul MEYER:

"Rapport sur une Mission littéraire en Angleterre", dans Archives des Missions scientifiques et littéraires, 2e série, III (1866), 247-328.

"Deuxième Rapport sur une Mission littéraire en Angleterre et en Ecosse", dans Archives des Missions ..., 2e série, IV (1867), 115-167.

"Troisième Rapport sur une Mission littéraire en Angleterre et en Ecosse", dans Archives des Missions ...,, 2e série, V (1868), 141-272.

"Le chevalier, la dame et le clerc", dans Romania 1 (1872), 68-87.

"Mélanges de poésie anglo-normande", dans Romania 4 (1875), 375-380.

"De quelques chroniques anglo-normandes qui ont porté le nom de Brut", dans BullSATF 4 (1878), 104-145.

"Les manuscrits français de Cambridge: I St. John's College", dans Romania 8 (1879), 305-342.

"Notice du MS Douce 210 de la bibliothèque Bodléienne à Oxford", dans BullSATF 6 (1880), 46-83.

"Gui de Warwick", dans Bull.SATF 7 (1881), 61-65.

"Notice du MS A 454 de la Bibliothèque de Rouen", dans BullSATF 9 (1883), 76-111, 102-111.

"Notice et extraits du MS.8336 de la Bibliothèque de Sir Thomas Phillipps à Cheltenham", dans Romania 13 (1884), 497-541.

"Les manuscrits français de Cambridge: II Bibliothèque de l'Université", dans Romania 15 (1886), 236-357.

"La descente de Saint Paul en Enfer", dans Romania 24 (1895), 357-375, 589-591.

"Version anglo-normande en vers de l'Apocalypse", dans Romania 25 (1896), 174-257.

"Notice sur un manuscrit appartenant au musée Fitzwilliam", dans Romania 25 (1896), 542-561.

"Notice du MS Rawlinson Poetry 241", dans Romania 29 (1900), 1-84.

"Les manuscrits français de Cambridge: III Trinity College", dans Romania 32 (1903), 18-120.

"Les manuscrits français de Cambridge: IV Gonville and Caius College", dans Romania 36 (1907), 487-542.

"Notice du MS Egerton 745 du Musée Britannique", dans Romania 40 (1911), 41-69.

"Notice du MS Sloane 1611 du Musée Britannique", dans Romania 40 (1911), 532-558.

"Notice du MS Sloane 2412 du Musée Britannique", dans BullSATF 39 (1913), 45-56.

ii) Autres ouvrages de référence:

J.Baker, Manuel of Law French, Aldershot (Scolar Press), 1990.
R.Bossuat, Manuel bibliographique de la littérature française du Moyen Age, Melun, 1951. [Bossuat I].
    Supplément 1949-1953, Paris, 1955. [Bossuat II].
    Supplément 1954-1960, Paris, 1961. [Bossuat III].
    Supplément 1960-1980, 2 vol. Paris, 1986-. [Bossuat IV].

R.Bossuat, L.Pichard et G.Raynaud de Lage, éd. rév. par G.Hasenohr et M.Zink, Dictionnaire des Lettres françaises: Le Moyen Age, Paris, 1992.

A.-M. Bouly de Lesdain, "Les manuscrits didactiques antérieurs au 14e siècle", dans Bulletin de l'Institut de recherche et d'histoire des textes No 13 (1964-65), 57-79.

R.Gottfried, Doctors and Medicine in medieval England, Princeton, 1986.

E.Kealey, Medieval Medicus: a Social History of Anglo-Norman Medicine, Baltimore-London, 1981.

O.Klapp, Bibliographie der französischen Literaturwissenschaft, I-XXVIII- , Frankfurt am Main, 1980-1990- .

A.Langfors, Les incipit des poèmes français antérieurs au XVIe siècle, Paris, 1917.

M.D.Legge, Anglo-Norman in the Cloisters, Edinburgh, 1950.

M.D.Legge, Anglo-Norman Literature and its Background, Oxford, 1963.

F.Michel, Rapports à M. le Ministre de l'instruction publique sur les anciens monuments de l'histoire et de la littérature de la France qui se trouvent dans les bibliothèques de l'Angleterre et de l'Ecosse, Paris, 1838.

G.Naetebus, Die nicht-lyrischen Strophenformen des Altfranzösischen, Leipzig, 1891.

M.K.Pope, From Latin to Modern French, Manchester, 1934.

P.Rézeau, Répertoire d'incipit des prières françaises à la fin du Moyen Age: Addenda et corrigenda aux répertoires de Sonet et Sinclair. Nouveaux incipit, Genève, 1986.

T.Rymer, Foedera, Litterae et Acta Publica ..., 4 vol., Londres, 1896-69.

K.Sinclair, Prières en ancien français, Hamden, 1978.

K.Sinclair, Prières en ancien français: Supplément, Townsville, 1987.

K.Sinclair, French devotional Texts of the Middle Ages: a bibliographical Manuscript Guide, Westport-Londres, 1979.

K.Sinclair, French devotional Texts of the Middle Ages: a bibliographical Manuscript Guide. First Supplement, Westport-Londres, 1982.

J.Sonet, Répertoire d'incipit de prières en ancien français, Genève, Lille, 1956.

H.Spanke, G.Raynauds Bibliographie des altfranzösischen Liedes..., Leyde, 1955.

Statutes of the Realm, The, 11 vol., Londres (Royal Records Commission), 1810-28, réimpr. 1963. Vol.I (1810), Vol.II (1816), Vol.III (1817).

J.Vising, Anglo-Norman Language and Literature, London, 1923.

B.Woledge, Bibliographie des romans et nouvelles en prose française antérieurs à 1500, Genève, Lille, 1954.

B.Woledge & H.Clive, Répertoire des plus anciens textes en prose française depuis 842 jusqu'aux premières années du XIIIe siècle, Genève, 1964.

***

Index

INDEX

[Les chiffres indiquent le manuscrit]

Adam de Ross: 405
Alchimie: 395
Aldrich, Henry: 208
Aldrich, Francis: 471
Alexander Nequam: 217, 460
Algorisme: 133
Andrew Horn: 258
Angers: 20
Anglia: 37, 175
Amis et Amile: 50
Anne Boleyn: 119
Apocalypse: 20, 394
Arbre de Paradis: 66a
Argent: 37
Arragon: 60
Astrologie: 37, 335, 395, 405
Bekesborn (Kent): 59
Berwick: 37
Ballade: 8
Balliol, John: 197a
Barthélemy l'Anglais: 213
Bataille: 37, 117, 438
Bataille, Nicolas: 20
Bible: 365
Boleyn, Anne: 119
Bonaventure: 213
Boothe, John: 494
Bordeaux: 59, 438
Bourdes et proverbes: 450
Boxley (Kent): 37
Brandon, Charles: 132
Breton, John: 258
Britton: 258
Bruce, Robert: 197a
Brut, de Wace: 50
Brut (Chronique): 50, 53, 98, 133, [181], [374], 469
Bulverhythe: 59
Bury St. Edmunds: 12, 117
Cahors: 181
Cambre, Gillebert de: 405
Canterbury: 20, 50, 63, 189, 298, 301, 365, 385, 438
Catalan: 395
Caton: 405
Chansons: 8, 383, 450
Charles V: 213, 324
Charles IX: 119
Charles Brandon: 132
Charles, conte de Valois: 59
Charmes: 383, 388, 405, 450

-183-

Chartes: 59, 110, 189, 197a
Châtillon, Gautier de: 468
Chester: 37, 482
Chevalier: 208
Chevaux (Maladies des): 297, 301
Chronica Maiora: 16, 26
Chronique de Saint-Augustin: 301
Chronique des Rois d'Angleterre: 50, 53, 98, 469
Chronique d'un ménestrel de Reims: 432
Cinq Ports: 59
Clément V: 301
Clément VI: 59
Commentaires sur la Bible: 365
Comptes: 197a
Conches, Guillaume de: 405
Conductus: 8
Conte Mareschalle: 98
Corbechon, Jean: 213
Cornouailles: 175
Corrogationes Promethei: 217
Couleurs: 297
Couronnement: 20
Cranmer: 298
Cyboule, Robert: 197a
Deal: 59
De Gaynagio terrarum: 301
De legibus Kancie: 301
Denton: 132
De Passione Christi: 405
Descente de St.Paul en enfer: 20
Despenser, Hugh le: 362, 482
Distiches: 405
Dit équivoque: 450
Divisiones mundi: 405
Douvres: 59, 175, 365, 462
Droit: 37, 59, 110, 258, 297, 298, 301, 362, 405, 476, 482
Dunbar: 117
Durand de Champagne: 324
East Anglia: 394
Ecosse: 37, 110, 171a & 171b, 175, 181, 298, 362
Edimbourg: 133
Edouard I: 59, 60, 482
Edouard II: 301, 482
Edouard III: 37, 438, 482
Elie de Winchester: 405
Ely: 335
Epître aux Romains: 208
Estorie des .iiii. sorurs: 50
Evangile de l'Enfance du Christ: 66a
Fauvel: 468
Fabliau: 50
Faversham: 59
Flandres: 37
Folkstone: 59

Fordun, John: 171a & 171b
Fordwich: 59
Frankpledge: 301
Frans. Hall: 132
Frère Laurent: 494
Galopes, Jean de: 213
Gand: 37
Garbelai, Perot de: 405
Garin le Loherain: E-6-14
Gautier de Bibsworth: 450
Gautier de Châtillon: 468
Gauvain: 45
Gavres: 91
Généalogie: 59, 60, 98, 181, 405
Geoffry de Monmouth: 133, 405, 476
Geoffrey de Waterford: 405
Gerbert de Metz: E-6-14
Gilbert de la Haye: 171b
Gillebert de Cambre: 405
Gloses: 23, 195, 217, 297, 301, 385, 438, 460
Gloucester: 482
Grail: 80
Gray, Thomas: 119, 133
Greenhythe (Kent): 59
Gui de Warerewic: 50
Guillaume de Conches: 405
Guillaume de Rubruck: 66a
Hainaut: 37
Hampole, Richard: 365
Hastings: 59
Haye, Gilbert de la: 171b
Henley, Walter de: 301
Henri III: 59, 98, 181
Henri IV: 59, 117, 133
Henri V: 213
Henri VI: 197a
Henri VIII: 119, 132, 432
Henri de Lancastre: 218
Henry Lovelich: 80
Hever: 119
Histoire de la Croix: 66a
Histoire des Seigneurs de Gavres: 91
Histoire du Saint Graal: 80
Horn, Andrew: 258
Hosbondrie: 301
Hospitaliers: 405, 482
Hôtel du roi: 37
Howden, John: 471
Hugh le Despenser: 362, 482
Humbledon Hill: 117
Hythe: 59
Indulgence: 405
Irlande: 405
Isabelle, reine d'Angleterre: 59

Itinera: 16, 26, 66a, 171b
Jean II le Bon: 59, 438
Jean Corbechon: 213
Jean de Galopes: 213
Jeanne d'Arc: 197a
Jeanne de Navarre: 324
John Balliol: 197a
John Boothe: 494
John Breton: 258
John Fordun: 171a & 171b
John Howden: 471
John Leland: 119
John Moore: 482
John Skelton: 432
Kent: 59
Laine: 37
Lancastre: 218, 362, 482
Lancastre, Henri de: 218
Lancastre, Thomas de: 362, 482
Lancelot: 45, 494
La Rochelle: 59
Laurent, Frère: 494
Légende de l'arbre de Paradis: 66a
Leland, John: 119
Lettre d'Hippocrate: 388
Lettres: 37, 110, 119, 197a, 298, 301
Liber de infantia Salvatoris: 66a
Limoges: 181
Lincoln: 37, 482
Litanie à la Vierge: 405
Livre des Seintes Medecines: 218
Londres: 37, 181, 384, 476
Louis XII: 132
Louvre: 324
Lovelich, Henry: 80
Lucidaire: 405
Lyde: 59
Markaunt, Thomas: 394
Mary Tudor, Reine de France: 119, 132
Matthew Paris: 16, 26
Matthew Parker: 66a, 119
Médecine: 150, 297, 301, 335, 388, 405, 451, 511
Méditations de la Vie Notre Seigneur: 213
Ménestrel de Reims: 432
Merlin, Prophéties: 80, 405, 476
Merton: 53
Mesures: 133, 343, 482
Mines: 37
Miracula et Regula Hospitalis Sancti Johannis ...: 405
Mireour des justices: 258
Miroir des Dames: 324
Monmouth, Geoffrey de: 133, 405, 476
Moore, John: 482
Morale: 405, SP 257

Motet: 8
Musique: 8
Navarre, Jeanne de: 324
Nequam, Alexander: 217, 460
Neuf Joies de la Vierge: 63
Nicolas Bataille: 20
Noms de lieu: 37, 59
Norham: 197a
Northampton: 482
Northumberland: 117
Norwich: 278, 460
Oleroun: 59
Ordre pour le couronnement d'un roi: 20
Orthographica gallica: 335
Paris, Matthew: 16, 26
Parker, Matthew: 66a, 119
Partonopeu de Blois: EP-D-6
Percy: 117
Périgord: 181
Perot de Garbelei: 405
Peterborough: 53
Pétitions: 37
Pevensey: 59
Philippa, fille de Henri IV: 133
Philippe III: 59
Philippe IV le Bel: 59, 60, 324
Philippe V: 59
Philippe VI de Valois: 37
Planètes: 395
Plantes: 150, 388, 395, 405, 438
Poème sur la mort de Jésus-Christ: 462
Poitiers: 438
Prières: 405, 462
Prince Noir: 59, 438
Procès contre Jeanne d'Arc: 197a
Proclamation: 37
Prophétie des Six Rois: 405
Proverbes: 450
Prudentius: 23
Psaumes: 195, 383
Psautier: 53, 278
Pseudo-Matthaei Evangelium: 66a
Psychomachia: 23
Puy, Raymond du: 405
Quatre filles de Dieu: 50
Raymond du Puy: 405
Recettes: 150, 297, 301, 335, 388, 405, 451, 511
Récits d'un ménestrel de Reims: 432
Réforme: 119
Refrain: 8
Reims: 432
Richard II: 59, 362
Richard Hampole: 365
Robert Bruce: 197a

Robert Cyboule: 197a
Romanz de un chivaler e de sa dame e de un clerk: 50
Romney: 59
Ross, Adam de: 405
Rossignol, Le: 471
Rubruck, Guillaume de: 66a
Rutebeuf: 63
Rye: 59
Saint Bonaventure: 213
Saint Leon: 405
Saint Paul: 20, 208, 394, 405
St.Albans: 16, 26
St.Mary Miraval: 258
Sandwich: 59
Sarre: 59
Sawley: 66a
Scala Chronica: 119, 133
Scotichronicon: 171a & 171b
Sermon rimé: 405
Skelton, John: 432
Somme le Roy, La: 494
Songes: 405
Speculum Justiciarorum: 258
Stafford: 213
Staplegate: 189
Statuts: 37, 59, 189, 197a, 301, 362, 405, 476, 482
Stonor: 59
Suppliques: 59, 405
Swineshead: 150
Suffolk: 132
Sussex: 59
Temple: 482
Thetford: 460
Thomas de Lancastre: 362, 482
Thomas de Warwick: 37
Thomas Gray: 119, 133
Thomas Markaunt: 394
Thorney: 297
Totnes: 175
Tournai: 37
Traités: 37, 181, 197a, 374
Treitiz (G. de Bibsworth): 450
Trève: 37
Troyes: 374
Vie de Beckett: 298
Visio S.Pauli: 405
Visus Franci Pleggi: 301, 482
Wace: 50
Walter de Henley: 301
Warwick, Thomas de: 37
Waterford: 405
Waterford, Geoffrey de: 405
West Langdon: 53
Westminster: 59, 362, 482

Winchelsea: 59
Winchester: 405, 476, 482
Wolsey: 132
Worcester: 217
York: 37, 181, 451, 482